4483 325

MEMORIAS DE UN EXORCISTA

Padre Amorth

Entrevistado por Marco Tosatti

Memorias de un exorcista

Mi lucha contra Satanás

Traducción de Helena Aguilà

indicios
Editores

Argentina - Chile - Colombia - España
Estados Unidos - México - Perú - Uruguay - Venezuela

Título original: *Memorie di un esorcista – La mia vita in lotta contro Satana – Padre Amorth intervistato da Marco Tosatti*
Editor original: Edizioni Piemme Spa, Milano
Traducción: Helena Aguilà Ruzola

Copyright © 2010 by Edizioni Piemme Spa
All Rights Reserved
Los derechos de publicación en castellano de esta obra fueron negociados a través de Ute Körner Literary Agency
Copyright © de la traducción 2010 *by* Helena Aguilà Ruzola
Copyright © 2010 *by* Ediciones Urano, S. A.
Aribau, 142, pral. – 08036 Barcelona
www.indicioseditores.com

ISBN: 978-84-937954-0-5
Depósito legal: B-31.495-2010

1ª edición Septiembre 2010

Coordinación y fotocomposición: Víctor Igual, S.L.
Impreso por: Romanyà-Valls – Verdaguer, 1 – 08786 Capellades (Barcelona)

Impreso en España – *Printed in Spain*

Presentación de un hombre
y un libro muy especiales

El gran conjunto arquitectónico situado en la calle Alessandro Severo es una auténtica ciudadela, presidida por una basílica de imponente cúpula, sede del cuartel general de la Sociedad San Pablo de Roma. En la sala de la planta baja hace frío. Una estufa eléctrica libra una desesperada batalla contra el aire que se cuela a través de la puerta. Entra un hombre anciano un poco encorvado, con una cartera en la mano, y se apresura a decir: «No me voy a quitar el abrigo».

Es un espacio sobrio. Los muebles principales son una mesa de madera más que sencilla en el centro, unas sillas años sesenta, una butaca marrón de esas que estaban de moda hace treinta años, con brazos de madera y el respaldo un poco inclinado, tapizada en un color tostado, que, inevitablemente, recuerda la decoración socialista de los países del Este. En una esquina, zumba un gigantesco y vetusto frigorífico. En esa butaca se sientan los extraños pacientes de don Gabriele. Extraños porque padecen dolencias que nadie sabe identificar, entender ni curar. Desde luego, no la ciencia médica, que se da por vencida; tampoco quienes ya deberían estar familiarizados con lo ultraterreno y sobrenatural, o, cuando menos, deberían ser capaces de dejar una puerta abierta a todo ello y no lo hacen. Pero aquí ya entraríamos en materia, y antes quisiera hablarles un poco más del padre Amorth y del espacio en el que pasa la mayor parte de su tiempo, en un cuerpo a cuerpo —no sólo metafórico— con un adversario inexpugnable. Quisiera hablarles de este hombre de ochenta y cuatro años que hace veintitrés, en 1986, cambió radicalmente su vida e inició una aventura que hoy sigue apasionándole.

En las paredes hay pocas imágenes. Una gran fotografía del padre Giacomo Alberione, fundador de la Sociedad de San Pablo. Y otra foto, el retrato de un sacerdote de cabello claro, ojos tremendamente expresivos bajo la frente despejada y un corazón blanco bordado en la sotana negra, el *uniforme* de los religiosos pasionistas. Es el padre Candido Amantini, exorcista del santuario de la Escalera Santa de Roma durante cuarenta años y mentor de don Gabriele. Una escultura de la Virgen de Fátima, de más de un metro de altura, señorea desde la pared, al lado de una delicada imagen, probablemente barroca, del arcángel Miguel. Desde la butaca sonríe un rostro de Juan Bosco, junto a un padre Pío de mediana edad, dos santos que conocían muy bien a la presencia indeseada del despacho de Gabriele Amorth, es decir, al diablo. Digo ambos, aunque el demonio reservó a Pío de Pietrelcina atenciones muy especiales, que, técnicamente, se denominan *vejaciones*.

Don Gabriele es un hombre sonriente, de aire burlón; siempre ameniza la conversación con alguna broma. No tiene móvil, no sabe qué es Internet, no ve la televisión ni lee periódicos. «Durante las comidas mis hermanos me ponen al corriente de lo que pasa en el mundo.» Y sus pacientes lo informan de otros sucesos desagradables.

La impresión de entrar en un mundo distinto, en una dimensión fuera de lo habitual, es intensa. Y cada vez es más fuerte, según el anciano sacerdote va tirando del hilo de sus relatos y te habla de personas que, al principio, eran el prototipo de la visita sonriente, conversadora y afable, para luego, en cuestión de segundos, caer en trance y transformarse en seres gritones, de cuya boca salen babas y blasfemias, dotados de tal fuerza que seis o siete personas no bastan para inmovilizarlos; a veces es necesario atarlos a una camilla para impedir que se hagan daño a sí mismos y a los demás. Después, cuando finaliza la oración y termina el estado de trance, vuelven a ser personas normales y tranquilas.

En la sobria habitación situada en la planta baja de ese edificio romano, cuartel general de la flota editorial de la Sociedad San Pablo, la sensación de que los dos universos avanzan uno junto a otro, muy cercanos y paralelos, es palpable. Dos universos que de vez en cuando se tocan, produciendo un cortocircuito dramático causado por la Presencia de un poder maligno. Y lo más asombroso es la serenidad del cura que tienes delante, quien parece tener las llaves del puente que une ambos universos. Como si fuera lo más normal del mundo, te habla de alguien que babea y echa por la boca clavos de diez centímetros, e incluso puede que te los escupa a ti. Don Gabriele es una mina de recuerdos, experiencias y relatos. No sólo eso. Cuando la memoria le falla, acuden en su ayuda los recuerdos escritos en el boletín de la Asociación de Exorcistas (primero italiana, luego internacional). Un boletín de confección casera, redactado con una máquina de escribir portátil, del que se hacían varias decenas de copias. Don Gabriele puso a mi disposición esa memoria histórica, según creo inédita. En sus páginas, los sombríos combatientes de tan extraña guerra intercambiaban informaciones, experiencias y conocimientos útiles para el cuerpo a cuerpo con su Adversario. Junto al resultado de mis largas conversaciones con don Gabriele, también publico aquí dichos relatos, que muestran de forma concreta y tangible el sentido de una vocación y de un ministerio pastoral desempeñado en zonas límite, envueltas en el misterio.

Don Gabriele ofrece tres clases de testimonios (en los que siempre se omiten los nombres de los protagonistas, para evitar su identificación): experiencias que vivió personalmente, hechos acontecidos a otros curas que, al igual que él, luchan contra el Adversario y declaraciones de las víctimas. Sin embargo, tengo la impresión de que todos ellos pertenecen al padre Amorth, pues es *su* voz la que resuena en las circulares de la Asociación de Exorcistas, su creación más visible y duradera. Por eso, en vez 'de dividir el resultado de mis largas conversaciones con él en capítulos tradicionales, he preferido mantener y transmitir la sensación de un largo fluir de palabras y sentimientos, jalonado de relatos, testimonios y experiencias. Espero que su lectura resulte provechosa.

MARCO TOSATTI

Un cambio radical

Don Gabriele, el cardenal Poletti lo nombró exorcista en 1986, y lleva usted más de veinte años librando esta dura batalla. ¿Cómo cambió su vida ese hecho?

La cambió radicalmente. Para empezar, antes escribía mucho. Era director de *Madre di Dio*, la revista mensual mariana de la Sociedad San Pablo; lo fui durante muchos años. Podríamos decir que mi especialidad es la mariología. Pero, a partir de 1986, mi vida cambió radicalmente y empecé a dedicarme de forma exclusiva a practicar exorcismos. Y, como veo que hacen muchísima falta y hay pocos exorcistas, trabajo siete días a la semana, mañana y tarde, incluso en Navidad y en Semana Santa. Es decir, que no hago nada más, excepto algún sermón a grupos grandes, sólo grupos grandes, sobre todo grupos de Renovación Carismática, o de Medjugorje (los dos movimientos a los que me dedico). Y, una vez al mes, doy una conferencia en Radio Maria, con preguntas y respuestas, de seis a siete y media de la tarde, una hora y media, el segundo miércoles de cada mes. Hace dieciséis años que doy esta especie de conferencia y veo que la gente aún no se ha cansado, aunque mi tema siga siendo el mismo: los exorcismos. Está claro que a la gente le interesan estas cuestiones, porque aprende de ellas. Recibo muchas cartas y llamadas de agradecimiento. Me hacen gran cantidad de preguntas; y muchos me dicen: «Nunca consigo hacerle mi pregunta». Hablo tres cuartos de hora; luego empiezan las llamadas con las preguntas. Y me doy cuenta de que, frente al gran silencio sobre el diablo, que a menudo procede de la misma Iglesia, los fieles y la gente corriente tienen un profundo deseo de saber.

En definitiva, fue un cambio radical, increíblemente radical. Hace años se me conocía como mariólogo (o *mareólogo*, vaya usted a saber...) y ahora soy conocido como exorcista. Sobre todo porque, al ver que había pocos exorcistas, se me ocurrió escribir libros y, por el éxito que han tenido, yo diría que la Virgen bendijo mi idea. Mi primer libro, *Habla un exorcista*, lleva veintiuna ediciones en Italia y ha sido traducido a veintitrés idiomas. Un éxito mundial, que me ha hecho famoso en el mundo entero. Me invitan a todos los países. En Polonia me dicen: eres muy famoso en Polonia. En Brasil: eres muy famoso en Brasil. Y lo mismo en Estados Unidos, etcétera, etcétera. Y soy famoso por mis libros, porque nunca he ido a esos lugares, ni voy a ir; tengo demasiado trabajo en Italia.

Luego se me ocurrió fundar la Asociación de Exorcistas. Primero sólo era nacional, pero luego se hizo internacional. En la primera reunión éramos doce; fue en 1991, en la iglesia de los Santos Pedro y Pablo, aquí, en Roma. A esa primera reunión me hubiera gustado que asistiera el padre Candido Amantini, que entonces aún vivía. Pero no, no se vio con fuerzas. El caso es que fuimos doce. Al año siguiente ya éramos más, y al siguiente el número había aumentado mucho. En 1994 la Asociación se hizo internacional, ya que asistían muchos curas extranjeros. Ahora soy presidente emérito de la Asociación, porque, después de varios años y de haber organizado diez congresos, pensé: mejor que el cargo sea rotativo. Ahora el presidente es Giancarlo Gramolazzo, aunque los miembros me nombraron presidente honorario vitalicio. Ya ve, tras unos años ejerciendo el oficio de exorcista, se me ocurrió fundar la Asociación Internacional. Y creo que la buena acogida que ha tenido, y el número siempre creciente de miembros, demuestran que el Señor ha bendecido esta iniciativa, haciéndola suya.

Una batalla de caridad

Comenzó usted a ejercer de exorcista a cierta edad, y ahora tiene más de ochenta años, de modo que no puedo evitar preguntarle si su tarea le resulta muy gravosa físicamente.

Sí, claro, es gravosa, sobre todo porque me pasa algo muy raro: cada año tengo un año más... Ya tengo ochenta y cuatro años, los cumplí el 1 de mayo. No puede ser casual: estoy convencido de que nací el primer día del mes dedicado a María en honor de la Virgen.

Pues bien, volviendo a lo pesado que puede llegar a ser mi trabajo, lo que más cansa es ver la necesidad de la gente y la compasión que siento por ellos. Me encuentro con casos de enormes sufrimientos que se prolongan durante años. Y veo que los exorcismos les hacen mucho bien y con frecuencia los liberan por completo. San Alfonso de Ligorio, que entendía de estas cosas, decía: «No siempre se llega a la liberación total, pero siempre se obtiene un gran beneficio». Y es cierto. Algunas personas, aun sin estar completamente liberadas, han conseguido tal grado de autonomía que nadie nota su peculiar condición. Pueden llevar una vida *normal*, con su familia y su trabajo, y sólo necesitan visitarme una o dos veces al año para recibir exorcismos. Una o dos veces al año no son nada, sobre todo si pensamos que empezaron acudiendo una vez a la semana, y que quizá los teníamos que atar a una camilla. En cambio, ahora están muy cerca de la liberación total, vienen aquí solos y se sientan tranquilamente en la butaca.

En los casos más difíciles, al comenzar el proceso de exorcismo se producen manifestaciones tan violentas que necesito, al menos, seis o siete personas que me ayuden a controlar los desahogos y reacciones del endemoniado.

Desde luego, el auxilio físico que prestan los colaboradores es muy importante (inmovilizan a los obsesos, o les limpian la cara y la ropa cuando babean, lo cual es muy frecuente), pero su ayuda también consiste en la oración que acompaña su acción durante el exorcismo. Además de estos colaboradores laicos, también asisten curas que desean aprender y perfeccionar su ministerio de exorcistas.

Un trabajo arriesgado

Quisiera ofrecer al lector un primer testimonio de las manifestaciones que suelen acompañar los exorcismos. En esta ocasión voy a mostrar el poder y la utilidad del agua bendita a la hora de resolver un caso.

Un párroco, sacerdote de mi diócesis, me pidió que lo ayudara en el caso de una mujer trastornada. El día antes de mi llegada la mujer le dijo al párroco que yo no acudiría, pues me encontraría mal. Entonces yo ignoraba este hecho; el párroco me lo contó después. Al día siguiente, cuando estaba a punto de marcharme, me sentí mal de repente, debido a unos cálculos renales, y tuvieron que llevarme al hospital.

Unas semanas más tarde se produjo el encuentro. Al principio la mujer tenía todo el aspecto de ser una persona trastornada, aunque parecía simpática. Luego, según fuimos hablando, la vi cada vez más inquieta, más angustiada por mi presencia. De pronto, se levantó, se acercó al otro sacerdote, le echó los brazos al cuello, como una niña asustada, y dijo: «Protéjame de él». Le hice una señal al párroco para que la instara a sentarse.

Yo había puesto dos vasos en la mesa; uno contenía agua corriente, el otro, agua bendita. Le ofrecí a la mujer agua corriente; me dio las gracias y bebió. Al cabo de unos minutos le tendí el vaso del agua bendita. Bebió, y esta vez su aspecto cambió de golpe: de niña asustada pasó a ser una persona muy enfadada. Recalcando las palabras con un timbre de voz grave y fuerte, como si un hombre hablase en su interior, me dijo: «¡Te crees muy listo, cura!». Entonces empezamos la oración de exorcismo. Al cabo de una hora, al finalizar el rito, se produjo la liberación en la iglesia.

Voy a relatar ahora un segundo testimonio. Sólo hacía un año que me habían ordenado sacerdote cuando recibí una llamada de un hermano. Me pedía si podía ir a ayudarlo en el caso de una joven que acababan de llevarle a la rectoría. Al principio vacilé; tenía mis razones: acababa de reincorporarme a mi parroquia después de haber padecido una hepatitis durante seis semanas; además, tenía que oficiar la misa de tarde, porque mi párroco estaba ausente, de modo que rechacé la *invitación*. Durante la celebración eucarística, tras dar la comunión a los fieles, tuve la sorpresa de oír una voz interior mientras guardaba el copón en el sagrario: «Estoy contigo», me dijo. Sentí que una nueva fuerza recorría mi cuerpo y supe que debía acudir junto al hermano que me había pedido ayuda.

Llegué a la rectoría. Después de una primera oración muy larga (casi tres horas), comprendimos que era un caso de auténtica posesión y llamamos al obispo, con el fin de pedir su autorización para utilizar los exorcismos necesarios. A continuación expondré algunos de los hechos que ocurrieron.

En determinado momento el cuerpo de la joven reptó tres metros por el suelo, como una serpiente. Varias personas que estaban con nosotros fueron testigos de ello. Recuerdo que por aquellos días tuve una horrible pesadilla. Me llevaban a una especie de cuarto de baño, en un barco que navegaba en alta mar. En el baño había tres personas: una señora rubia, completamente desnuda, cuyo rostro se iba transformado según se acercaba, hasta que le quedó media cara de animal y media de mujer. La segunda persona era un joven blanco con el pelo oscuro, que asía un palo; se acercaba a mí e intentaba estrangularme. La tercera era un hombre de color, pero no le veía la cara; parecía estar manteniendo relaciones sexuales con una mujer negra que ocultaba su rostro.

Al día siguiente, durante el exorcismo, averiguamos los nombres de estas tres personas y de otras, a través de la chica poseída. Antes de recibir la última señal de la expulsión de los demonios y de la victoria de Cristo sobre *Legión* —como dijo llamarse el demonio que la poseía—, llegué tarde a la oración. Mientras me dirigía a la iglesia, mi coche se apartó suavemente de la calzada y se desvió hacia el césped. En ese momento yo conducía muy despacio, a unos quince kilómetros por hora. De nada sirvieron mis esfuerzos por volver a la carretera; el coche no me respondía. La joven poseída iba en el asiento de atrás, junto a una persona muy fuerte a quien pedí que me acompañara para inmovilizarla. Vi que la rueda delantera derecha se había pinchado, sin saber cómo. Llegamos tarde. Unos días después de la liberación, el cura que me había pedido ayuda tuvo un accidente de coche en el mismo sitio.

Mientras entraba en casa del sacerdote sentí la presencia del maligno en mi interior, listo para atacarme. Me volví y pude ver a una chica con unas tijeras en la mano, a punto de herirme. Bendito sea Dios, todo terminó gracias a su honor y su gloria. La joven poseída, tras una liberación completa, se casó, y vive feliz.

Obispos incrédulos

Hace tiempo usted dijo que había pocos exorcistas, y que muchas diócesis no tenían ninguno. ¿Hoy ha cambiado la situación?

Por desgracia, la situación no ha cambiado: sigue habiendo muchos curas y obispos que no nos creen. Le he escrito una carta al Santo Padre, a ver qué se puede hacer al respecto. Me ha prometido un escrito de la Congregación para el Culto Divino, la única institución que puede redactar este tipo de documento, en el que se recomendará a los obispos que, como mínimo, tengan un exorcista en cada diócesis. El problema es que, durante años, muchas diócesis han dejado de practicar exorcismos (esto sería largo de contar) y, a consecuencia de ello, en la mayor parte de los seminarios, donde se forman los sacerdotes del mañana, ya no se habla del tema.

En los cuatro primeros siglos de la historia cristiana cualquiera podía hacer exorcismos; no existían exorcistas en el sentido en que los entendemos hoy, como curas que tienen una función ministerial concreta. Jesús dijo: «Arrojarán a los demonios en mi Nombre»; sólo había que creer en Él y obrar con fe. Y esto sigue siendo válido hoy. Por eso existen grupos de Renovación, y otras personas a título individual, que hacen algo que yo no llamo exorcismos —para diferenciarlos de los exorcismos en sentido estricto—, sino plegarias de liberación. Y la verdad es que si se hacen con fe son muy efectivas, tanto como los exorcismos en sentido estricto.

Pero volvamos a la historia: en los cuatro primeros siglos de la historia de la Iglesia todo el mundo hacía exorcismos. Después instituyeron el exorcistado como orden menor y sólo podían ejercerlo los sacerdotes, concretamente los obispos. Hoy sigue funcionando así: los obispos son los únicos que poseen la facultad, el monopolio absoluto para nombrar exorcistas, o para retirarles el permiso de hacer exorcismos. Ahora bien, estos exorcismos, a los que llamo así porque los sacerdotes pronuncian una oración pública, no son las únicas iniciativas posibles para liberar a alguien del demonio. Siempre quedará la oración privada, que todo el mundo puede pronunciar, tal como nos enseñó Jesús.

Países sin exorcistas

¿Qué consecuencias tiene ese silencio sobre el diablo que, como usted dice, se guarda desde hace tiempo incluso en el seno de la Iglesia?

La primera consecuencia es que me escriben desde muchos países lamentándose de la ausencia total de exorcistas. Y me refiero a países de primer plano, como Alemania, Austria, Suiza, España o Portugal, por citar sólo algunos. En estos países no hay exorcistas. Muchos fieles me escriben porque quieren venir a Roma a recibir mis exorcismos. Sólo que no puede ser, porque estoy desbordado de trabajo, de casos. Por eso los remito a grupos de Renovación, o a curas que hagan plegarias de liberación; si se hacen con fe tienen el mismo efecto que los exorcismos propiamente dichos, como he explicado antes.

Al hilo de todo esto, me gustaría señalar que en la vida de muchos santos hay numerosos episodios que testimonian cómo éstos, sin ser exorcistas, liberaban a la gente del demonio. Mencionaré a un santo que no ha sido nombrado oficialmente patrón de los exorcistas, pero al que se suele considerar protector de este colectivo: san Benito. Pues bien, san Benito no era sacerdote ni exorcista. Era monje, pero sus plegarias de liberación eran muy efectivas. Otro caso: santa Catalina de Siena. Cuando los exorcistas no conseguían liberar a alguien, se lo mandaban a santa Catalina, que no era cura ni exorcista; ella rezaba y con su fe obtenía liberaciones portentosas. Lo mismo hacían otros hombres y mujeres con su fe y su santidad. También hay testimonios de que el padre Pío, que nunca fue exorcista oficial, liberó a varias personas de la influencia y acción del maligno.

Una batalla en dos frentes

Usted libra una batalla por partida doble, en dos frentes: contra el adversario de siempre y contra el silencio o incredulidad de la propia Iglesia.

Sí, una batalla para persuadir a los miembros de la Iglesia. Hasta el siglo XII todo fue bien, porque había muchos exorcistas en todas las diócesis. Luego empezó lo que yo llamo el período de locura, en el que algunos miembros de la Iglesia autorizaban las torturas a herejes. Después otro período, en el cual autorizaron que los herejes fueran entregados al *brazo secular*, es decir, a la justicia de los estados, y que los quemaran vivos en la hoguera. Semejante barbarie duró varios siglos. Es evidente que adoptaron medidas exageradas contra la herejía, hasta el punto de que, durante mucho tiempo, dejaron de hacer exorcismos y mandaban a los endemoniados directos a la hoguera. Con todo, se han conservado documentos de los pocos clérigos que aún hacían exorcismos. Por ejemplo, hubo un obispo francés que no quiso condenar a la hoguera a una monja poseída por el diablo (una auténtica bruja) y la mandó exorcizar. Necesitaron dos años para liberarla, pero luego vivió santamente el resto de su vida. Era una posesión en toda regla, lo cual se da muy pocas veces; son mucho más habituales otras manifestaciones y acciones diabólicas.

Hablando de persecuciones a herejes y poseídos, recuerdo que una vez, en Radio Maria, me preguntaron si san Carlos Borromeo había condenado a gente a la hoguera. Y sí, es cierto, según algunos testimonios, Borromeo lo hizo, porque la santidad no exime a nadie de la mentalidad propia de su época y él, aun siendo santo, condenó a personas que acabaron en la hoguera.

En aquella etapa no se hicieron exorcismos y, en época moderna, como reacción a los absurdos y atrocidades cometidos en el pasado, tampoco se hizo nada. Así, en la mayoría de los seminarios no se hablaba del infierno ni del demonio y hoy en día en muchos todavía no se habla de exorcismos.

Por eso hay tantos curas que no creen en ellos, y tantos obispos... Sí, obispos. Algunos curas llegan a obispos y siguen sin creer; incluso declaran públicamente que el infierno y el demonio no existen. Sin embargo, Jesús habla con profusión de ambos en el Evangelio. Y yo me pregunto: ¿no se lo han leído, o es que no creen en nada de esto?

En cuanto al hecho de que el propio Jesús sanara a muchos *endemoniados*, estos incrédulos afirman que dicho término es un producto del lenguaje y la cultura de aquella época, en la que llamaban endemoniados a simples enfermos. Pero lo cierto es que el Evangelio diferencia claramente ambos casos, es decir, cuando Jesús sana enfermos de cuando libera a personas del demonio. También diferencia con gran claridad el poder de sanar y el poder de expulsar a los demonios. Y su mensaje final es: id, predicad mi palabra, expulsad a los demonios y sanad a los enfermos.

Dicen que los exorcistas somos unos exaltados

En la primera reunión de la Asociación de Exorcistas eran doce, pero ahora son muchos más. Eso significa que algo ha cambiado...

Indudablemente. Me han hecho muchas entrevistas en la televisión; siempre voy encantado, para divulgar, dar a conocer, difundir el máximo de información sobre el tema. He hecho mucho ruido con este asunto. Creo que el Señor se ha servido de mí para difundirlo, para que se volvieran a practicar exorcismos. Hay muchas personas que sufren, y ¿a quién acuden? A magos y brujos. ¿A quién más podrían acudir? Lo hacen porque algunos curas los tratan mal y entonces se dicen: acudiré a alguien que me reciba con amabilidad, que me invite a tomar asiento y demuestre su voluntad de ayudarme. Lo malo es que algunos curas, al oír a alguien decir que sufre perturbaciones, responden: eso son cuentos, ¡vete! Y le dan con la puerta en las narices. Lo cual es increíble, porque Cristo jamás lo hubiese hecho.

El único obispo italiano que practica exorcismos, monseñor Gemma, habla muy claro y con gran valentía de la realidad del demonio en un libro suyo. Desde luego, más voces hablan de este tema, que tantas veces ha sido relegado e incluso censurado, pero no son suficientes.

Sólo unos pocos mencionan a los exorcistas, pero lo hacen más bien entre dientes, sin mucho entusiasmo. Además, el propio clero suele ver con malos ojos a los exorcistas y los considera unos exaltados. No los aceptan, a pesar de que se hallan entre los mejores clérigos, pues, según el Derecho Canónico, el obispo tiene que nombrar exorcista a un sacerdote de oración, culto, equilibrado, con buena reputación. Cualidades que todo cura debería poseer, pero que no todos tienen. Por eso digo que los exorcistas son elegidos entre la flor y nata del clero. Sin embargo, hay muchos sacerdotes que no creen en la labor de los mismos y no la valoran.

Con todo, algo está cambiando. En realidad, quien rompió el hielo fue Pablo VI, al pronunciar el famoso discurso del 15 de noviembre de 1972, dedicado al demonio. En resumen, vino a decir que quien no cree en la existencia del demonio está fuera de la doctrina de la Iglesia. Así fue como se rompió el hielo, y lo hizo nada menos que el Papa. Pero no tuvo mucho éxito. En cambio, el Señor ha bendecido a un servidor, que no es Papa ni nadie importante...

Yo soy alumno del padre Candido Amantini [y señala su fotografía en la pared], un pasionista. Durante cuarenta años fue exorcista en el santuario de la Escalera Santa de Roma. Me nombraron exorcista como ayudante del padre Candido y a él le debo todo lo que sé. Publiqué mi primer libro para dar testimonio escrito de lo que me había enseñado el padre Candido. Al igual que cualquier autor, yo también aspiraba a una segunda edición. En general, los autores aspiran, como mínimo, a la segunda edición. Sólo que, en mi caso, hubo seis ediciones en un solo año. ¡Se vendían como rosquillas! Incluso ahora, al cabo de tantos años, sigue siendo mi libro de mayor éxito. Los otros también van bien y las traducciones también han tenido éxito. Pude comprobarlo cuando estuve en Madrid; el editor me organizó seis entrevistas en un día. Y hasta lo han traducido al japonés...

Demonios y almas condenadas

El siguiente testimonio muestra cómo, a veces, en la posesión diabólica intervienen almas condenadas.

Hace años un señor me pidió que bendijera su casa, donde ocurrían hechos extraordinarios: se oían pasos de personas que no estaban; encontraba bajo la almohada, o en el alféizar de la ventana, o en el asiento del coche, tres monedas, tres ramas, tres piedras; encontraba el peine o el dentífrico en la nevera; durante las comidas, el tapón del agua mineral siempre aparecía junto a su mujer; su mujer, y sólo ella, veía de espaldas a un atractivo y rubio joven andando por casa, o en los jardines del vecindario. El hombre pensó que alguien quería importunarlos y llamó a los carabineros; tras acudir varias veces a su casa inútilmente, los policías desistieron, pensando que eran imaginaciones o alucinaciones de mentes enfermas.

Fui enseguida. Mientras me ponía el alba, la mujer se alejó y me miró con aire amenazador. Empecé a orar y a rociar con agua bendita. Unas gotas cayeron sobre la mujer, que tuvo una reacción inesperada: empezó a gritar que el agua ardía. Me quedé de piedra y le dije a su marido: «Es algo serio; acompaña a tu mujer a ver al exorcista de la diócesis».

Al día siguiente fueron a ver al exorcista, quien les aseguró que se trataba de un caso grave, una auténtica posesión diabólica. Era el sexto o séptimo caso grave que veía desde que era exorcista. Le llevaban a la mujer dos veces a la semana. Al cabo de un tiempo, el sacerdote le aconsejó al marido que se dirigiera al obispo, a pedir la ayuda de un cura que interviniera todos los días, pues de otro modo tardaría mucho tiempo en liberarse. El matrimonio visitó al obispo de la diócesis y éste me encargó la labor a mí, puesto que yo conocía los hechos y era el párroco de la pareja.

Empecé a ir todos los días a casa de esta familia; me quedaba entre cuarenta y cinco minutos y una hora, según lo que tardaba el demonio en alejarse y dejar libre —provisionalmente— a la mujer. Cada vez, antes del exorcismo, la mujer me decía: «¿A qué has venido? ¿Es que no tienes nada que hacer?».

Cuando empezaba la oración entraba en trance; su marido y yo la sujetábamos, porque se ponía violenta. En dos ocasiones, antes de que comenzara, logró hacerse con un cuchillo y lo amenazó. Una vez se encerró en el dormitorio, cayó en un trance profundo y empezó a tomarnos el pelo. Entonces inicié el exorcismo desde el otro lado de la puerta; poco a poco se fue calmando y al final nos abrió. Durante el exorcismo la mujer hablaba distintas lenguas con voces diferentes; lo mismo cantaba la *Marsellesa* que recitaba el *Infierno* de Dante. Tras unos pocos exorcismos le pregunté su nombre y el demonio respondió: Zago. Dijo que era el amo y que le rendían culto en una localidad cercana, junto a una iglesia derruida; se expresaba por iniciativa propia y afirmaba que vencería.

Otro demonio presente, Astaroth, intentaba destruir el amor de la pareja y el amor entre padres e hijos. Había un tercer demonio, Serpiente, cuyo cometido era inducir a la mujer al suicidio. Lo intentó con bolsas de plástico atadas al cuello de la mujer y con cuerdas suspendidas de la lámpara; una vez la incitó a tirarse de un puente. Con frecuencia la mujer hacía las maletas y decía que quería ir a la localidad donde se encontraba la iglesia derruida, porque *él* la esperaba allí, se lo había ordenado y debía acudir. Según Zago, también había una legión de demonios menores.

Para mi sorpresa también manifestaron su presencia tres almas condenadas: Michelle, una mujer que había trabajado en el *Moulin Rouge* y que murió a los treinta y nueve años a causa de las drogas. Michelle solía hablar en francés; repetía las frases que utilizaba en el pasado con sus clientes, y entonces el rostro de la mujer adquiría un aire dulce y persuasivo. Michelle se quedó hasta el final del exorcismo; después, llorosa y atormentada, abandonó a la mujer.

También estaba presente Belcebú, un marroquí que les cortó la cabeza a tres misioneros en 1872. Le pregunté a qué orden pertenecían los tres religiosos y me contestó: «¡¿Qué sé yo de vuestras órdenes religiosas?!». Se suicidó a causa del remordimiento.

La tercera alma condenada era Jordan, un escocés que había matado a su madre. Hablaba bastante; creo que decía: «Zago es el dios verdadero; él es el más poderoso». Creo, porque sé muy poco inglés.

Durante el exorcismo Zago alardeaba de ser el amo del mundo, afirmando que todo se movía a su antojo, que la guerra civil en Ruanda la había provocado él y que disfrutó y se relamió con la sangre derramada. Para provocarme me decía: «¡Tus sermones no son más que cuentos! ¡Nadie te escucha!». También solía amenazarme con que una noche me sacaría las tripas. Una vez me dijo: «Ten cuidado, porque puedo entrar dentro de ti». Y, tras unos instantes de reflexión, añadió: «Aunque no creo que se esté muy bien en el cuerpo de un cura». Cuando insistía y lo presionaba con mis preguntas, me decía: «Me estás tocando las pelotas». Yo replicaba: «No sabía que los demonios tuvieran pelotas». A lo que él rebatía: «¡Estúpido! Es una forma de hablar». Y no dejaba de resoplar.

Les pregunté cuándo habían entrado en la mujer. Zago respondió: «Entré en 1972, antes de que la mujer pisara la iglesia el día de su boda, a las doce». Era exacto. Yo oficié la boda. A Zago le encargó esa misión un hombre, natural de Viterbo, que no deseaba que se celebrara el enlace. Más tarde, a las doce de la noche, durante una misa negra en la que se sacrificó un animal, entraron los otros demonios. El marido recordaba que, el día antes de la boda, un hombre que no deseaba que se celebrara fue a ver a un cura. Zago alardeaba de que junto a la iglesia derruida estaba su templo, con una dedicatoria grabada: AL DIOS ZAGO. Cada vez que yo pronunciaba la frase «A Dios el reino», él se apresuraba a corregirla: «A Zago el reino».

Cuanto más avanzaba yo con los exorcismos, más aumentaban su consternación y sus lamentos. Cuando imponía las manos sobre la cabeza de la mujer, Zago chillaba, no entendía nada y gritaba: «Me estás ensuciando la casa, dejas que entre luz, ¡me estropeas la casa!». Yo le decía que la luz es hermosa, pero él gritaba: «¡No! Las tinieblas son mi casa». Afirmaba estar en la cabeza de la mujer. «¿Por qué estás en la cabeza?», le pregunté, a lo cual respondió: «Desde la cabeza se controla todo el cuerpo». La imposición de manos lo enfurecía. La mujer tenía un pequeño bulto en la cabeza y Zago me aseguró que se lo había provocado él. Su marido confirmó que el bulto había aparecido de repente, muchos años atrás. Al principio la familia se alarmó, pero los análisis revelaron que no era nada preocupante.

A menudo, yo soplaba sobre el cuerpo de la mujer, como signo sensible del soplo del Espíritu Santo, y ella se debatía y gritaba: «¡El viento arde!». También se quejaba cuando la bendecía con agua bendita. Estas reacciones furiosas terminaban en cuanto el demonio se iba, al final del exorcismo. Durante las primeras sesiones, intentamos meter una botella de agua bendita para que la mujer la bebiera, pero fue inútil: la botella siempre permanecía vacía.

Las amenazas del demonio se iban multiplicando, porque la mujer había empezado a rezar. Desde el día de su boda, sólo había entrado en la iglesia ocasionalmente y a regañadientes, y había dejado de rezar. El demonio mimaba a la mujer, y hacía que escuchara música clásica durante horas. «¿Por qué música clásica?», pregunté, y me contestó: «Porque a ella le gusta». Además, se le aparecía como un joven rubio, pues sabía que a ella le gustaban los hombres rubios. De día le susurraba frases dulces y la mujer solía decir que se sentía bien con él, cuando, en realidad, lo que ocurría es que se había aislado de su entorno y vivía en su propio mundo.

Durante los exorcismos, cuando ya no aguantaba más, el demonio se alejaba. Entonces la mujer salía del estado de trance y preguntaba qué había ocurrido y qué había dicho. No recordaba nada; únicamente se sentía cansada y dolorida, como si le hubieran dado una paliza. Una vez forcejeó mucho y yo, sin querer, le di un golpe en la cabeza con el hisopo. Le hice un chichón, pero ella no se dio cuenta; sólo después del exorcismo se lo tocó y sintió dolor.

Tras los exorcismos, la mujer veía al demonio deambulando por la habitación o el jardín y advertía que ya no estaba dentro de ella. Pero, al cabo de un rato, empezaba a sentir de nuevo su presencia en el interior. En una ocasión, al concluir el exorcismo, no lográbamos abrir la verja automática. La mujer salió y vio que el diablo se había interpuesto entre el mando a distancia y la verja. Con una sola bendición, la verja se abrió.

Ese verano fui de acampada al monte con los chicos de la parroquia, pero, una vez a la semana, regresaba a la ciudad para hacer el exorcismo. Cuando me veía, la mujer, ya en trance, me decía: «¿No estabas en el monte? ¿A qué has venido?». Y proseguía con sus amenazas. Cuando terminó la acampada, volví a exorcizarla de nuevo todos los días. La fuerza y la arrogancia del demonio disminuían progresivamente, por eso la mujer lo invocaba: «Satanás, no me abandones. Satanás está aquí, entre nosotros. ¡Ayúdame, Satanás!».

A partir del mes de julio empezó a decir que se iría. A principios de agosto dijo que se marcharía la víspera de la Asunción: «Cuando tú saques a tu monigote [la estatua de la Virgen], yo me iré». Discretamente, le pedí a la comunidad que rezara y ayunase y anuncié que la víspera de la Asunción se produciría un gran milagro. Logré que la mujer, acompañada de su marido y un amigo, esperara en un punto del recorrido de la procesión. Al ver pasar a la Virgen, gritó mucho y se desmayó.

Después del oficio religioso preguntó qué había ocurrido. Le conté que mientras yo estaba en la iglesia, después de la procesión, la vi entre la multitud, sonriente, lo cual era raro, porque no sonreía desde hacía mucho tiempo. Entonces interrumpí la letanía, anuncié que el milagro se había producido y dimos gracias al Señor. Durante una semana reinó la calma; luego la mujer comenzó a sentir fuertes dolores en el abdomen, le salieron ampollas en todo el cuerpo y tantas llagas en la boca que no podía comer. Y si lograba comer algo lo vomitaba al instante. Vomitó pelos, clavos y hasta excrementos. Además, el demonio la obligaba a hacer cosas humillantes: la hacía orinar en todas partes, o, si iba a una tienda, le tiraba al suelo las botellas que estaba comprando, o hacía que le saliera sangre de la nariz o de abajo.

La mujer, con la ayuda de su marido, rezaba, pero no era eso lo que quería el demonio. Un día, durante el exorcismo, me gritó muy enfadado: «¿Sabes qué ha hecho? Ha gritado. ¡Que no lo haga! A partir de hoy, le provocaré mucho sufrimiento». Desde entonces la pareja empezó a encontrar bajo la almohada billetes de mil liras con un clavo en los ojos, la boca, las orejas o la garganta de la imagen impresa en el anverso. Eran avisos de que, al día siguiente, la mujer tendría dolores en las partes señaladas con el clavo. Y así ocurría.

Unos días después de la fiesta de la Asunción, regresó el demonio Serpiente y entró en la barriga de la mujer. Cuando yo le imponía las manos sobre el estómago, ella sufría mucho y yo sentía bajo mis manos algo duro, que me rehuía; si lo apretaba, se quejaba: «Me estás estrangulando, me estás ahogando». Yo le decía que no podía seguir en aquel cuerpo, que pertenecía a Dios, y él me contestaba, con rabia: «Ahora la cabeza es tuya, pero el cuerpo es mío».

Un día me llamó su marido, muy asustado, para decirme que una serpiente se había enroscado en el cuello de su mujer y la había mordido. Fui enseguida a su casa y encontré a la mujer en un profundo estado de nervios; corría por la habitación e intentaba arrancarse algo que le apretaba el cuello. Decía que era una serpiente y que la había mordido. Tras echar agua bendita vimos dos pequeños orificios. El demonio Serpiente empezó a vanagloriarse de haber mordido a la mujer; dijo que ésta moriría sin remedio, pues era suya y él iba a cumplir su misión, que era matarla.

Entonces el marido me contó un recuerdo: «Hace mucho tiempo, mi mujer solía ver una serpiente en lo alto de un árbol, delante de nuestra antigua casa. Pero sólo la veía ella». Tras la mordedura y las amenazas decidí practicar exorcismos dos veces a la semana. Estábamos a principios de diciembre. Ahora sólo hablaba Serpiente; tenía una voz cavernosa, profunda, aunque cada día sonaba más débil y sumisa. Al fin prometió que el domingo siguiente al día de la Inmaculada se iría para siempre, y que mandaría una señal muy evidente.

En aquella etapa yo oía una voz nueva durante el exorcismo. Pregunté con fuerza: «¿Quién eres?», y una voz femenina contestó: «Soy Vanessa, una chica de veintitrés años. Iba a la universidad, pero luego conocí a un joven que me llevaba a misas negras, cerca de la iglesia derruida, y empecé a servir al demonio. Una noche bebí sangre y salí enfebrecida del rito; entonces crucé la calle, me atropelló un coche y morí».

Durante el exorcismo les pregunté a Michelle y a Vanessa si estaban bautizadas y les recordé el día de la Primera Comunión; ellas me contestaron con rabia y amargura. Mientras, en la casa seguían produciéndose extrañas señales. En la pared, la almohada y las sábanas había calaveras dibujadas: el signo de la muerte. La victoria del demonio Serpiente consistía en la muerte de la mujer; eran sus últimos intentos. La mujer estaba exhausta, no podía más, y resolvió dejar de rezar y de someterse a exorcismos. La convencimos para que pronunciase la oración de exorcismo de León XIII. Lo hizo con gran esfuerzo, pues, al llegar a la parte en que se pide al demonio que se vaya, le apretaron tanto el cuello que no podía hablar.

Le dije a su marido que siguiera rezando con su mujer; cuando ella se ponía violenta, él hacía la señal de la cruz sobre su cuerpo y sus brazos para aplacarla. Un día el demonio le dijo: «¿Qué haces? ¡Tú no eres cura!». Pero era evidente que las señales de la cruz le molestaban. A veces el marido se quejaba de insomnio y su mujer le decía: «No me extraña. ¿No has visto que él estaba entre nosotros?». En la habitación contigua había una cama de invitados en la que nadie dormía. Y, sin embargo, en esa cama podía verse la forma de una persona, como si alguien hubiera dormido en ella; yo mismo pude constatarlo en varias ocasiones.

Durante aquellos largos meses sucedieron más cosas raras. De pronto, la mujer empuñaba una pistola que, en teoría, estaba encerrada en la caja fuerte, pese a que el marido llevaba siempre encima la llave de la caja. Los trajes más bonitos de la mujer aparecían llenos de agujeros y rotos. Habían arrancado cuentas del rosario, las imágenes sagradas tenían los bordes quemados, y muchos otros hechos inexplicables: la foto de la madre de la mujer aparecía vuelta hacia el otro lado, o invertida, en la mesilla; forzaron la puerta de la casa, pero no robaron nada; encontraban bajo la almohada anillos y pendientes que no pertenecían a ningún miembro de la familia; el permiso de conducir y la documentación del marido desaparecieron. Antes olvidé decir que, durante los exorcismos, la mujer chillaba de pronto y se tocaba una parte concreta; entonces nos acercábamos a mirar y veíamos una cruz en la carne, como si se la hubiesen grabado con un trozo de cristal.

Durante los exorcismos del mes de diciembre, a veces el diablo, desconsolado, exclamaba: «Tú ganas. No puedo quedarme más, hay demasiada luz dentro de ella». Yo insistía para saber qué lo obligaba a irse, y él contestaba a regañadientes: «La oración de la mujer. Es buena, y tú has venido muchas veces. Vosotros ganáis, me tengo que ir». Le pregunté dónde iría a hacer más daño, y respondió: «A otro lugar, pero tened cuidado, porque puedo regresar».

En las últimas oraciones de exorcismo, sucedieron dos hechos extraños. En la frente de la mujer se dibujó una cruz de un rojo descolorido. Creí que sería carmín o algo así, pero cuando su marido la tocó vio que era sangre. Preguntamos qué había ocurrido y la respuesta nos dejó mudos de espanto, horrorizados:

«Es la sangre de un bebé de cuatro días. Su madre, que es una adepta, vino al templo a ofrecérmelo».

El segundo hecho es el siguiente. Durante un exorcismo el demonio me dijo: «Mira qué le he hecho a tu monigote». En el jardín de la casa había una pequeña estatua de la Virgen. Le dije al marido que fuera a ver. Al volver me dijo que la Virgen lloraba sangre. Tras el exorcismo salimos todos al jardín; yo mismo pude constatar que era cierto: de sus ojos brotaba sangre. Fuimos a por una Polaroid e hicimos varias fotografías que aún conservo. Después limpiamos el rostro de la Virgen, pero al día siguiente ocurrió lo mismo.

El 10 de diciembre, el diablo prometió que al día siguiente, «el día de tu Señor» (era domingo) por la tarde, se marcharía para siempre durante el exorcismo. Al día siguiente, fui a casa de la mujer sobre las 15.30. En cuanto empezamos a rezar el demonio gritó: «San Miguel se acerca con la espada desenvainada... Se acerca y yo no puedo huir. ¿Quién es esa mujer rodeada de luz? ¡Se está acercando!». «¡Es la Virgen!», grité yo. Y él prosiguió: «Veo una luz muy grande... con doce estrellas y la luna debajo... No puedo, no puedo quedarme». Entonces lanzó el chillido más fuerte que he oído en mi vida. La mujer salió de su estado de trance, y preguntó: «¿Qué ha pasado?». Le gritamos: «¡Todo ha terminado!». Y nos abrazamos, conmovidos.

Unos meses después de la liberación de la mujer ocurrió un hecho singular. Junto a la estatua de la Virgen, en el seto de un metro de altura, su marido vio una serpiente grande, enroscada sobre sí misma. El hombre le pidió ayuda a un vecino y éste acudió con una horca. Tiraron al suelo a la serpiente sin que el animal reaccionara y le aplastaron la cabeza. Fue un episodio bastante raro; sin embargo, cuando se lo contaron al exorcista que llevaba el caso, dijo que tal vez fuera una señal. No olvidemos que la mujer solía ver una serpiente cuando tendía la ropa junto al seto; sólo la veía ella y por eso le daba miedo ir hasta allí.

Durante los últimos meses de la posesión, el marido echó en falta dinero y unas acciones bancarias; además, varios pagos del alquiler no se habían hecho efectivos. La mujer salía de casa con el dinero, pero los billetes tomaban otros caminos. Un día le pregunté al demonio por qué ocurría eso y me dijo que él robaba el dinero para dárselo a sus adeptos, pues quería que éstos fuesen ricos y felices. Luego me prometió que, poco a poco, lo devolvería todo. Los últimos días, cuando el demonio no dejaba de repetir que iba a marcharse, le dije que no había cumplido su palabra de devolver el dinero, a lo cual respondió: «¿Y tú te crees lo que dice el demonio?». Acompañé al marido al banco, y también a una empresa en la que debían dinero; él creía que su mujer había efectuado los pagos, pero no era así. Apenas les quedaba dinero en el banco, aunque todas las operaciones se habían hecho correctamente; y a la empresa no le habían pagado nada. Su marido echó cuentas y calculó que habían perdido unos 20 o 25 millones de liras. Además, la mujer, tiempo atrás, les había pedido dinero a unos amigos para pagar unas letras, recalcando que no le dijeran nada a su marido, de modo que aún habían contraído más deudas.

Después de estos hechos, el marido comprendió en un sentido más profundo varios episodios acontecidos en el pasado, desde el día de su boda: primero la mujer tenía un carácter dulce y afable; luego adquirió un temperamento fuerte y polémico. La mujer veía a su padre muerto junto a la cabecera de su cama y oía ruidos extraños. Se volvió insoportable y adelgazaba a ojos vistas. Me contó que, diecisiete años después de la muerte de su suegro, la caja reventó en el cementerio, como si lo hubiesen enterrado hacía poco, y por las grietas brotó sangre negra. Llamaron a un médico, quien declaró que se hallaban ante un hecho inexplicable. El marido también recordaba haber sentido escalofríos de frío injustificables y un hormigueo en todo el cuerpo.

Gracias a Dios todo ha terminado y en aquella casa reinan la paz y la sonrisa. La mujer está muy bien; sólo le dan crisis de melancolía de vez en cuando. Según el exorcista de la diócesis, son incursiones del demonio; por eso le aconseja que siga rezando y que, una vez a la semana, vaya a que la bendigan.

Un cambio profundo

En estos veintitrés años, ¿cómo ha cambiado usted personalmente?

Indudablemente ser exorcista ha fomentado muchísimo mi fe y mi oración, las ha reforzado. Invité a un famoso exorcista a uno de nuestros congresos, cuando yo aún era presidente y los organizaba, y recuerdo que dijo: «A veces el demonio se divierte revelando los pecados del exorcista o de alguno de los presentes. Por tanto, como pueden imaginar, cuando practicaba exorcismos yo procuraba estar limpio, muy limpio».

También recuerdo varios episodios que me contó el padre Candido. Un día un sacerdote le dijo claramente que no creía en el demonio ni en los exorcismos. El padre Candido replicó: «Ven a verlo un día». El padre me contó que este cura permaneció en pie, con las manos en los bolsillos. En la Escalera Santa los exorcismos se hacen en la sacristía y el cura estaba allí plantado, con aire más bien despectivo. De pronto, el demonio se dirigió a él y le dijo: «Tú no crees en mí, pero crees en las mujeres, vaya si crees en ellas». Según me dijo el padre Candido, el cura retrocedió en dirección a la puerta, avergonzado, y salió de la sacristía.

Desde luego, practicar exorcismos ha reforzado mi fe, mi oración y también mi caridad. Fe, oración y caridad. Yo también procuro estar limpio, para que ese señor no pueda reprocharme nada. Mientras el cardenal Poletti escribía el documento para otorgarme la facultad de exorcizar, yo le pedí a la Virgen: «Envuélveme en tu manto y protégeme, soy tuyo». Me llamo Gabriele, mi patrón es el arcángel y siento gran devoción por mi ángel de la guarda. Ya ve, mis defensores son la Virgen, el arcángel Gabriel y mi ángel de la guarda. En varias ocasiones los demonios me han dicho: «A ti no podemos hacerte nada, porque estás muy bien protegido».

Ahora me paso los días aquí dentro y también en otro lugar, porque aquí, en mi casa, me han prohibido practicar exorcismos: «No queremos oír gritos, ni que la gente se asuste», dicen. Sigo trabajando mañana y tarde, pero aquí sólo trato a personas que no gritan ni se ponen furiosas, aunque siempre hago alguna excepción.

A algunos hay que atarlos

¿Y dónde trata los casos más graves?

Dos veces a la semana voy a una iglesia del centro de Roma, la iglesia (no es una parroquia) de la Inmaculada, en la calle Emanuele Filiberto. Por la mañana, después de la misa de ocho, cierran la iglesia y la abren a las cinco de la tarde. La lleva un cura muy amable; ahora está jubilado, pero fue un gran profesor de cristología en la Universidad Lateranense. Es autor de varios libros sobre Jesucristo y, además de tener una mente privilegiada, es muy generoso. Me da las llaves y me deja trabajar en su iglesia. Dos veces a la semana, los martes y los viernes, trato allí los casos *graves*. Tenemos preparada una camilla, cuerdas por si hay que atar a la persona y una butaca, porque algunos, aunque griten, no se ponen violentos y pueden estar sentados tranquilamente durante la oración de exorcismo.

También hay casos mucho más graves. Algunos tienen tanta fuerza que no podemos sujetarlos [mientras habla, la voz del padre Amorth se altera levemente, se vuelve más ronca]; ni siquiera seis hombres pueden. Entonces hay que atarlos; sobre todo las piernas, los brazos no solemos inmovilizarlos. Pero esto ocurre pocas veces; en general, basta con sujetarlos fuerte. Hombres y mujeres laicos me ayudan a hacerlo y me acompañan con su oración personal. En primer lugar me ayudan con la oración y después materialmente. Hay muchos poseídos que babean y dos de mis ayudantes se ocupan específicamente de limpiar. Yo también lo hago; muchas veces practico exorcismos aquí, solo, y no me da ningún reparo ver a la gente vomitar.

Un caso misterioso

Una joven de unos veinte años vino para acompañar a una amiga de su edad. Un párroco me había mandado a esta chica, que, según él, presentaba síntomas maléficos y tal vez estaba poseída. Tras haberle practicado un exorcismo a la chica (después seguí exorcizándola en otras sesiones), le di mi bendición a la acompañante para no mandarla a casa sin nada. Detecté algo sospechoso en su forma de reaccionar, de modo que hice un pequeño exorcismo que suelo utilizar en los exorcismos por teléfono. Noté cómo se acentuaban algunas reacciones, pero no me pareció nada digno de consideración. Luego, al guiar a ambas chicas y a sus familiares por el pasillo que se abría ante mi despacho, advertí que la joven acompañante se tambaleaba un poco. La sostuve y le indiqué a su padre que me ayudara. Menos mal que lo hice, porque al cabo de unos segundos estuvo a punto de desmayarse. Pensé que aquello podía estar relacionado con mi bendición, de modo que le di una cita para la semana siguiente.

Para no alargarme mucho, diré que fueron necesarios cinco exorcismos (que provocaron reacciones cada vez más fuertes) para que el auténtico mal saliera en toda su dimensión. Desde ese momento le seguí practicando exorcismos en la camilla que uso cuando hay reacciones fuertes, para que la persona esté más cómoda y para facilitarles el trabajo a las personas, entre cuatro y ocho, que me ayudan a sujetarla y limpiarla si babea. Como suele ocurrir, la joven fue recordando poco a poco ciertos episodios del pasado que eran la causa de sus trastornos. Los padres y la chica aseguraban que todos los males habían aparecido hacía dos meses; sin embargo, salieron problemas que se remontaban a cuatro años atrás, cuando la joven tenía dieciséis años. Seguí indagando y descubrí un período de extraños sucesos que los médicos no sabían explicarse.

A lo largo de varias sesiones, la chica me fue contando estos síntomas, todos bastante típicos: era hija única, pero cuando estaba en su dormitorio tenía la impresión de que alguien la observaba, se acercaba, casi la rozaba... Siempre había sido muy religiosa y asistía a un grupo de oración; sin embargo, ahora le costaba mucho rezar, le molestaba escuchar las oraciones y cánticos sagrados.

Estos síntomas se fueron agravando; ya no era capaz de pronunciar ni una palabra de oración y tuvo que dejar la escuela. Durante los exorcismos reaccionaba de forma muy violenta: mantenía los ojos fuertemente cerrados, pero si yo alargaba la mano hacia la mesa para asir el crucifijo, el agua bendita o los óleos, enseguida se daba cuenta. Durante un tiempo tuvo reacciones muy extrañas: se ponía muy rígida antes de entrar en mi sala de los exorcismos; durante las sesiones se movía como una desquiciada y luego volvía a ponerse rígida, hasta el punto de que teníamos que levantarla como un peso muerto.

A menudo estaba presente un psiquiatra, que intentó hacerle un poco de psicoterapia. Durante un tiempo las visitas habían sido regulares y la chica confiaba en el psiquiatra. Más tarde, al ver que no mejoraba, la joven decidió suspender las visitas. En los exorcismos, tras mucho insistir, conseguí que los demonios hablaran. No eran muy locuaces. Dijeron sus nombres y los días, meses y horas en que saldrían; son las preguntas que sugiere el Ritual y siempre las hago, aunque pocas veces obtengo respuestas verdaderas. En este caso, sin embargo, se marcharon el día que habían dicho.

Tras unas semanas de aparente curación la chica volvió a sentir trastornos, aunque de forma más atenuada, de modo que seguí con los exorcismos. En total necesitó dos años y dos meses de exorcismos semanales y, en los momentos más agudos, dos veces a la semana. En cuanto a las causas, es uno de los pocos casos en que no he encontrado una explicación satisfactoria, aunque las porquerías que aparecían bajo la almohada y dentro de las muñecas hacen pensar en un maleficio.

Posesión y vejación diabólicas

Cuando sus pacientes van a verlo, ¿entran en su despacho hechos una furia?

A veces ya entran hechos una furia, hasta tienen que traerlos en volandas. Otras veces nos reímos, bromeamos e intentamos crear un ambiente sereno. Entre un exorcismo y otro hacemos una pausa y a veces hasta cuento algún chiste. Es decir, hay un clima distendido, aunque sobre todo es un ambiente de recogimiento, porque rezamos mucho. Normalmente, en los casos más difíciles —los pocos en que existe una posesión demoníaca—, las personas se quedan en trance. Eso ocurre porque hay posesión del demonio, vejación del maligno. Por ejemplo, según varios testigos, el demonio solía atacar y herir al padre Pío, lo cual constituía un caso de vejación. Pío de Pietrelcina nunca estuvo poseído, sino que sufría vejaciones. Existen muchos estadios con distintos niveles de gravedad, tanto en la posesión como en la vejación. Y el tiempo necesario para la liberación también varía mucho, según la naturaleza del caso. Es muy importante la ayuda de personas laicas, miembros de los grupos de oración, que me acompañan en mi oficio y me ayudan a rezar e inmovilizar a esta pobre gente.

Hablando de vejaciones, podemos decir que suelen manifestarse como una especie de bromas pesadas del demonio. El Enemigo puede hacer bromas realmente insoportables; y las hace. Quienes son objeto de estas atenciones tan peculiares del demonio sufren muchísimo, soportan todo tipo de perturbaciones. Las puertas y ventanas de sus casas se abren y cierran, los electrodomésticos se encienden y apagan y toda la instalación eléctrica funciona mal: el teléfono suena y no hay nadie al otro lado de la línea, los televisores se sintonizan y apagan solos... ¡Jugarretas del demonio! Yo las llamo *perturbaciones*; son las formas más leves de vejación. Hay otras peores: muchas personas sufren dolencias físicas muy fuertes, que ningún médico es capaz de diagnosticar y mucho menos de curar.

Manchas negras

Un marido, su mujer y un sobrino regentan un supermercado con la ayuda de dos empleados. Poco después de haber abierto la tienda, todos sufren un persistente dolor de cabeza, acompañado de unas manchas negras en los brazos, en cuanto pisan el local. Las manchas se ponen rojas, empiezan a dolerles mucho y se extienden al cuello y los brazos, por todo el cuerpo. Uno tras otro los aparatos se estropean: el frigorífico, las cámaras del mostrador, la caja registradora... Manos invisibles cambian de lugar los productos. La puerta de entrada se atasca, o se abre sola. Siempre hay algo que no funciona, pero cuando llega el técnico va bien; una vez se ha ido reaparecen las averías.

Cuando me llamaron prometí que iría a bendecir el local, aunque les pedí que antes se confesaran y se comprometieran a seguir un camino de fe. Después exorcicé la tienda y a todo el personal para romper cualquier hechizo o maleficio que pudiera haber. Mientras rezaba coloqué unos vasos con agua bendita y sal en varios puntos del establecimiento. Al día siguiente, la sal de cinco vasos se había derramado hasta el suelo; en cambio, en los otros tres no ocurrió nada.

Según observaron los cinco protagonistas, la mujer del piso de arriba, que había intentado impedir por todos los medios la apertura de la tienda, entraba y salía sin comprar nada. Siempre se detenía ante el lugar donde estaban ocultos los vasos de los que se derramaba la sal, como si esperase descubrir algo. Habíamos esparcido sal exorcizada por todas partes y habíamos rezado mucho, repitiendo las renuncias a Satanás, las oraciones contra los maleficios y la renovación de los votos bautismales. Colocamos bien a la vista una imagen de Jesús Misericordioso y el personal adquirió el hábito de rezar una oración todas las mañanas, antes de empezar a trabajar.

Una vez, al entrar en la tienda, a mí también me salió una mancha en el brazo; primero era negra y después, roja, muy dolorosa. Me apliqué óleo exorcizado en el brazo y se me curó enseguida.

Después de cuatro exorcismos (y muchas oraciones, eso sí) acabaron todos los fenómenos y trastornos, la extraña mujer no volvió a aparecer y ahora en el supermercado trabajan en paz.

Un caso de vejación satánica

Entre los casos que ha tratado, póngame un ejemplo de vejación diabólica.

Por ejemplo, recuerdo el caso de una persona que sufría continuos dolores de cabeza sin motivo aparente y otro caso de persistente dolor de estómago, en el que la persona afectada no podía hacer nada, ni siquiera dormía por las noches. Muchas veces se hacen análisis y pruebas médicas, y no les encuentran nada.

Recuerdo especialmente que exorcicé a una chica de diecisiete años; la habían ingresado en varias clínicas psiquiátricas de Europa y en ninguna le habían encontrado nada.

Su mente sufría mucho; la pobre no lograba razonar, ni estudiar, ni mucho menos concentrarse. Además, blasfemaba y no quería oír hablar de rezar, ni de ir a la iglesia. Su cuerpo también sufría, pues tenía dolores físicamente inexplicables. Repito: estuvo en varias clínicas de Europa y no le encontraron nada. Tengo muchos casos de personas que han recorrido distintas clínicas de Italia con historiales en los que nada puede justificar sus dolencias desde un punto de vista médico. Y, sin embargo, sufren una barbaridad.

Pues bien, un día esa chica de diecisiete años se presentó aquí, en mi despacho. Con el exorcismo se ve claramente si hay o no hay un mal causado por el demonio. En última instancia se trata de esto: tiene que haber una presencia directa del demonio, o un mal causado por éste. Los primeros exorcismos son de carácter diagnóstico; en mi opinión, sólo mediante el exorcismo podemos saber si el demonio está presente o no. También he tratado a pacientes que me han mandado algunos psiquiatras. «Inténtelo usted, a ver si entiende algo...», viene a ser el mensaje de los doctores. Y después del exorcismo yo digo si es un mal que la ciencia aún no puede identificar y, por tanto, no puede tratar, o bien si es una influencia de otro tipo, una influencia diabólica.

Muchas personas acuden a mí después de haber ido a un médico. Es más, yo mismo he establecido como norma que vengan a verme con un diagnóstico médico en la mano, para demostrar que han consultado con un especialista. Y es que si uno se encuentra mal lo primero que debe hacer es ir al médico.

Volviendo al caso de la chica de diecisiete años, yo creo que era una vejación, es decir, un caso leve si lo comparamos con una posesión propiamente dicha, aunque era una vejación muy fuerte (también las hay moderadas). Esta muchacha sufría una vejación muy fuerte, que afectaba todo su cuerpo y, más aún, su mente.

Necesité mucho tiempo para liberarla. El demonio, cuanto más tiempo pasa en un lugar, más raíces echa. Por eso en el primer exorcismo se le pide ayuda al Señor para desarraigar la presencia del demonio (yo utilizo el Ritual viejo; el nuevo lo he criticado duramente, excepto la primera parte, que es muy bonita). Con todo, hay casos, por ejemplo, de infestación, que terminan bastante rápido.

Presencias indeseables e indeseadas

Como ya hemos dicho, las infestaciones son el nivel más bajo de acción extraordinaria del demonio; luego están las vejaciones y, por último, las terribles posesiones. Hábleme de las primeras.

Para referirme a las infestaciones debo hablar de mis experiencias con presencias demoníacas en varias casas. Aludiré a dos casos concretos.

Primer caso. Me llamaron para ir a una casa donde residía una pareja joven con una niña de un año. De noche oían ruidos en el armario, golpes contra las persianas, en los radiadores y electrodomésticos. Y lo más preocupante era la pequeña: todas las noches, a la misma hora, se despertaba sobresaltada y llorando. Estaba muy delgada y aún no había empezado a hablar.

Sus padres rezaban e iban regularmente a la iglesia. Dijeron algo que me hizo sospechar de sus parientes y les pregunté por ellos. Me respondieron que cada vez que las dos tías le hacían un regalo a su sobrina, los ruidos aumentaban. Ambas eran cartománticas. Intervine muchas veces, porque veía a la pequeña cada vez más deprimida; no dormía, comía poco, pasaba gran parte de la noche llorando, escondida bajo las mantas. Cuando bendecía la casa, los ruidos cesaban, pero sólo uno o dos días. Al fin decidí oficiar una misa en la casa, a la que también asistieron unas monjas amigas de la familia y varios miembros de los grupos de oración. Tras la misa eché agua bendita por toda la casa y, en nombre de Dios, le ordené al demonio que abandonara para siempre aquel lugar. Desde aquel día los ruidos desaparecieron, la niña se recuperó y todo volvió a la normalidad.

Segundo caso. Hacía un año que había muerto un hombre alejado de Dios, a quien nadie quería a causa de su maldad. Antes en aquella casa ya habían ocurrido hechos extraños: objetos de oro que ante la foto del hombre se volvían blancos, figuras de adorno que desaparecían. La mujer y las hijas me llamaron. Yo conocía al difunto y pensé que necesitaba indulgencias, de modo que encargué varias misas. Tras unos días de paz empezaron a suceder cosas más raras que antes.

Una de las hijas estaba casada y tenía una niña de dos años y medio. Todas las noches, a la misma hora, la pequeña se despertaba sobresaltada y gritando. A petición de la familia bendije la casa varias veces, pero la tranquilidad sólo duraba pocos días. Al fin decidí oficiar una santa misa de tarde e invité a parientes y vecinos. En primer lugar rezamos el rosario; durante la oración la niña se puso más nerviosa que nunca, empezó a saltar en la cama, a molestar a los presentes y enredar con las cuentas del rosario. Después también nos importunó al comienzo de la misa. Durante la lectura del Evangelio (elegí un pasaje en el que Jesús expulsa a un demonio) la pequeña se quedó quieta, de pie, y ya no se movió más. Tras la consagración eucarística la niña gritó: «Mamá, ¡la cosa fea se ha tirado por la ventana!». Ésa fue la señal de que la casa se había liberado de la presencia demoníaca. Y por fin se reinstauró la paz.

¿Un homicidio oculto?

El testimonio que sigue es otro caso de infestación.

Dos cónyuges y su hija trabajaban como cuidadores de una casa de campo; vivían en una casita construida junto a la vivienda señorial. Desde hacía catorce años, es decir, desde que realizaban ese trabajo les había pasado de todo. Es importante señalar que cerca de la finca había un castillo derruido, del que sólo quedaba en pie una torre. Creo que fueron ocurriendo todos los hechos típicos de los casos de infestación, aunque en mayor proporción. Esos hechos, que afectaban a los tres cuidadores, la casa y los animales, eran los siguientes: la luz, el televisor, la radio y los electrodomésticos se encendían y apagaban solos, en los momentos más imprevisibles; los grifos se abrían y cerraban sin que nadie los tocara; los cuadros se descolgaban y volaban a la otra punta de la habitación, aunque los marcos y los cristales nunca se rompían; los muebles se volcaban y se movían. Además, de noche se oían golpes muy fuertes, que despertaban y asustaban a toda la familia, y pasos muy ruidosos, como de soldados marchando. Salía agua de un tabique en el que no había tuberías, entre la cocina y el comedor, y ambas estancias se inundaban; en los cristales de las ventanas se veían formas de caras muy extrañas; puertas y ventanas se abrían y cerraban de golpe sin que nadie las tocara...

Tanto la pareja como la hija eran buenos cristianos, con honda fe y espíritu de oración. Eran personas con sentido común y mente sana; estaba claro que todo cuanto afirmaban haber percibido era cierto. También solían notar presencias perturbadoras, lo cual es bastante grave. Muchas veces tiraban a la mujer de la cama y el marido sentía que le pegaban. Una noche la hija salió de su dormitorio para ir a la planta baja, sintió que la levantaban y empujaban escaleras abajo; después le salieron magulladuras por todo el cuerpo. Tenían treinta gallinas sanas, productivas; un día las encontraron con las patas torcidas, cojas. No se tenían en pie e iban arrastrándose, porque no podían andar, pero aún podían comer. Tenían un gato dócil y mimoso que, de repente, se puso furioso y saltó sobre sus dueños para morderlos y arañarlos. A menudo la mujer se sentía como atada, como si se ahogara, y era incapaz de moverse. Y podría añadir muchas otras cosas. Estos fenómenos se producían tanto en su casa como en la vivienda principal.

Exorcicé los dos edificios. Es importante decir que el propietario era un pintor *amateur*, autor de cuadros terroríficos, llenos de esqueletos, diablos y seres encapuchados.

Me ocurrió otro hecho curioso. Tres días después de exorcizar las dos casas, cuando estaba a noventa kilómetros de aquel lugar y me disponía a exorcizar a una joven poseída, el demonio habló a través de esta chica, y dijo: «Tú sigues deambulando por ahí para expulsarme, pero ése [¿un difunto?] no se va; lo mataron para robarle la herencia». Y empezó a reírse y a burlarse. Cuando la joven volvió en sí, sintió la necesidad de hacer un boceto de alguien que se le había aparecido durante el exorcismo, y dibujó el rostro de un viejo con barba. Cuando les enseñé el boceto a los cuidadores de la casa de campo, éstos reconocieron la cara de un viejo que había aparecido en el cristal de la ventana de su casa, aunque ninguno de los tres conocía a la chica que yo había exorcizado.

Nos preguntamos: ¿es posible que el alma en pena de un avaro, a quien asesinaron para quitarle la herencia, incordie durante tanto tiempo para obtener indulgencias y ser liberada?

Este caso concreto aún no está resuelto, aunque soy optimista, porque tuve un caso similar en otra localidad de la misma provincia, una casa en la que se producían muchos ruidos inexplicables y hechos extraños. Tras investigar un poco, descubrimos que la habían construido en un terreno donde, tiempo atrás, mataron y enterraron a cinco soldados zuavos. Encargué diez misas por las almas de los soldados y exorcicé la casa. Los fenómenos cesaron de inmediato; espero que sea para siempre.

Antes el demonio no me preocupaba demasiado

Don Gabriele, volvamos a su experiencia personal. Antes de que el cardenal Poletti le encargara esta labor, ¿qué pensaba usted del demonio?

A decir verdad no me preocupaba demasiado. Sí, sabía que existía y creía en el Evangelio. Soy de Módena, pero nunca había oído hablar de la existencia de exorcistas. En aquella época la mayoría de los curas no hablaba de estos temas; me refiero al demonio, las posesiones, los exorcismos...

Fui ordenado sacerdote en 1954, año mariano y centenario del dogma de la Inmaculada Concepción. Han pasado más de cincuenta años, pero ahora, al igual que entonces, sigue siendo muy importante qué les enseñan sobre la realidad del diablo y el ministerio del exorcismo a los futuros curas. Especialmente hoy, cuando muchos jóvenes no van a la iglesia y se dedican a hacer espiritismo, a consultar a brujos, cartománticos y demás. Creo que es muy importante darles información para que se alejen de estos peligros. Y deberían informarlos sacerdotes bien preparados. El problema es que gran parte del clero sabe muy poco de estos temas.

Cuando me encontré ante un caso evidente de posesión diabólica, comprendí que la realidad de la acción satánica y de la oración de exorcismo no pertenecen al pasado, que no las podemos situar únicamente en el pasado o en la época de Jesús, sino que hay que situarlas en nuestro presente. Hoy Satanás actúa más que nunca e intenta conducir al mayor número posible de almas a la muerte eterna.

Desde los inicios de mi ministerio comprendí que existen dos categorías opuestas de personas poseídas: quienes lo están a causa de sus errores y quienes lo están a causa de su amor a Dios. Y puedo confirmar lo que digo basándome en las Escrituras y la Tradición.

Recuerdo un caso que me impresionó mucho. Un excelente seminarista abandonó el seminario tras dos años de estudios y perdió la vocación porque no lo exorcicé. Es un tema delicado y doloroso, o sea que no voy a entrar en detalles. Sólo diré que, para mí, fue un golpe enorme y revelador; entonces comprendí que debía hacer todo cuanto estuviera en mi mano para combatir la acción del demonio, sobre todo cuando éste atacaba a los miembros del clero. En los diez años siguientes, gracias a los exorcismos, salvé las vocaciones de muchos seminaristas, curas, religiosos y religiosas.

Dos casos de posesión

Recuerdo especialmente dos casos en los que religiosos o fieles próximos a religiosos sufrieron ataques diabólicos. Incluyo aquí los testimonios que dejaron los sacerdotes que intervinieron en los mismos.

«Estaba predicando un retiro en una congregación de religiosas, cuando la madre superiora me llamó para que me ocupara de una hermana, quien parecía haber sido estigmatizada. La vida de la comunidad se veía seriamente afectada por el mal comportamiento de la monja. Ésta utilizaba un lenguaje inconveniente, opuesto a cuanto cabía esperar en alguien que participaba de los sufrimientos de Cristo.

Tras orar y reflexionar un buen rato, decidí rezar por su liberación. Al fin conseguí liberarla de su opresión diabólica; su comportamiento y su lenguaje cambiaron de inmediato y los estigmas desaparecieron. No había padecido los sufrimientos de la Pasión, sino sufrimientos causados por el demonio...»

«En Bombay vino a verme un sacerdote en compañía de su madre para pedirme consejo sobre su hermano. Éste tenía treinta y cuatro años y había cursado sus estudios universitarios en los Estados Unidos. Allí entabló contacto con un nuevo movimiento religioso; al cabo de cierto tiempo, empezó a participar en las reuniones del mismo y acabó formando parte de la secta.

Había ido ascendiendo en la jerarquía interna del grupo y debía casarse con una mujer que también desempeñaba un cargo importante. Pese a todo, él quiso casarse con otra mujer y, el día de la boda, los miembros del movimiento lincharon a la novia.

Este hecho lo destrozó física y psicológicamente. Por suerte, sus padres habían viajado a los Estados Unidos, preocupados por el hecho de que su hijo deseara casarse al margen de su fe y de la comunidad católica, y lo llevaron de vuelta a la India, pero tuvieron que hacer frente a la petición de una enorme suma de dinero, a un chantaje. Para poder pagar, uno de los hermanos tendría que vender todos sus bienes. Entretanto, toda la familia vivía aterrorizada, temiendo un ataque de los miembros de la secta, que no retrocedían ni siquiera ante el homicidio.

Cuando fui a ver a aquel joven, lo encontré en unas condiciones pésimas: nunca salía de su habitación, no se lavaba, no se cortaba las uñas, no comía con su familia. Su dormitorio estaba increíblemente sucio y él hablaba con seres invisibles.

Su hermano sacerdote creía que necesitaba tratamiento psiquiátrico, pero antes quería mi consejo. Fui a su casa con un grupo de oración. Unos minutos antes de que llegáramos, el joven se encerró con llave en su habitación, aunque nadie le había mencionado mi visita. Como no logramos convencer a la pobre víctima de que nos abriera la puerta, decidimos rezar junto a la familia. Siguiendo una inspiración, pronuncié una plegaria de liberación ante la puerta cerrada. En la oración le supliqué a Dios que liberara también al fundador de la secta y dije su nombre.

Aparentemente ese día no ocurrió nada; pero al día siguiente me llamaron los padres, muy contentos: su hijo había salido de la habitación y había recorrido toda la casa, incluido el tejado, en busca del fundador de la secta (quien ya había muerto). Al no encontrarlo, decidió lavarse y cortarse las uñas y el pelo para recuperar su aspecto normal. Y, por primera vez en varios meses, comió con su familia. Además, aceptó irse a Goa para disfrutar de un período de convalecencia. Todavía vive allí, donde ha encontrado trabajo y lleva una vida normal.»

Un sacerdote embrujado

Me invitaron a un encuentro de universitarios de alto nivel. Especialistas de varios países europeos hablaban de magia y brujería desde un punto de vista informativo y científico. En cuanto a mí, me invitaron para hablar de la brujería de nuestro tiempo. Después de mi conferencia, uno de los asistentes se acercó a mí y me confió su sufrimiento. Esto fue lo que me dijo:

«Lo que usted ha contado se corresponde exactamente con lo que yo estoy viviendo. Soy sacerdote y me ocurrió lo siguiente: era misionero en una gran ciudad africana. Mandé edificar varias casas, con la intención de construir una ciudad para los chicos, y contraté a una cuadrilla de lugareños. Tuve la suerte de recibir una donación cuantiosa de una organización internacional y, con ese dinero, contraté una segunda cuadrilla, formada por obreros de otra tribu.

Al finalizar el trabajo, uno de los hombres de la segunda cuadrilla me dijo: "Padre, no se le ocurra dormir en estas casas, porque se sentiría mal. ¡Mire!". Y levantó unas baldosas del suelo para enseñarme unos objetos muy raros. Luego despegó un trozo de papel pintado, me enseñó más objetos raros y añadió: "Padre, son objetos consagrados al demonio, los pusieron aquí obreros de la otra cuadrilla. Están furiosos con nosotros, porque somos de otra tribu y usted nos dio trabajo. Ahora se han vengado y quieren matarlo". Yo, como buen europeo racional, hice caso omiso de la advertencia y sonreí para mis adentros al pensar en lo crédulos que eran aquellos hombres.

La noche siguiente dormí en la casa; mejor dicho, no dormí en absoluto. Me atormentaron todo tipo de imágenes y de ideas absurdas y no pegué ojo. Tras varias noches de insomnio sentía deseos de suicidarme. Me llevaron al hospital e impidieron que me suicidara. Todos los análisis que me hicieron salieron bien y los tests psicológicos me declaraban perfectamente sano. Tuvieron que repatriarme. En Francia pasé años vagando por clínicas y hospitales, sin obtener resultados. Ingresé en una casa para sacerdotes enfermos, donde no me encontraron ninguna enfermedad. Ahora vivo en una casa para sacerdotes ancianos y enfermos y me reconozco en los síntomas que usted ha descrito.»

Aunque estaba muy cansado, pronuncié una larga plegaria de liberación. Él estaba muy inquieto, pero rezaba con todas sus fuerzas. Aquella noche no conseguí liberarlo. Empezamos al día siguiente y el proceso fue largo, pero al final se liberó. Dejó la casa para sacerdotes ancianos y enfermos, recuperó la fuerza de su juventud y volvió a su misión en África. De vez en cuando me escribe; lleva cuatro años de intensa actividad apostólica. Su liberación fue definitiva, no ha necesitado más intervenciones.

Una vocación salvada

Éste es el testimonio de una *víctima*...

«Escribo porque me lo han pedido y porque yo también creo que mis palabras pueden ayudar a otros a comprender y obrar de forma correcta. Los primeros síntomas me sorprendieron una noche al acostarme, tras apagar la luz: un terror imprevisto, una inquietud febril de los sentidos, convulsiones. Mi reacción fue adentrarme en lo más profundo de mi ser, en busca de Dios, y rezarle a la Virgen. Me llevó un buen rato hacerlo, pues sufría ataques contra el sexto mandamiento. Estos fenómenos se fueron repitiendo a la hora de acostarme y también sufría tentaciones durante la noche. El sacramento del perdón me daba fuerzas; si no, no habría podido resistir las tentaciones contra el sexto mandamiento, pues una vez que comenzaban persistían con fuerza, a pesar de las oraciones.

El segundo síntoma fueron las convulsiones, que aparecían al empezar las oraciones en común durante el oficio de la mañana, y las tentaciones de desesperación o de suicidio. Mi padre espiritual me dijo que todo ello formaba parte de la lucha espiritual, pero quien me ayudó realmente fue el padre exorcista que me trataba, a menudo por teléfono. Pasé una etapa en la que me costaba mucho estudiar y hasta me costaba comer. Durante un oficio en la capilla, percibí olores fétidos y tuve la impresión de que el agua bendita que guardo en una botella estaba putrefacta. Al día siguiente, el agua estaba perfectamente y ya no olía mal.

Una violenta tentación contra el sexto mandamiento me hizo repetir: "Antes morir que ceder". Me sirvió de gran ayuda recitar el exorcismo de León XIII y, sobre todo, recibir por teléfono el exorcismo del padre exorcista. El domingo siguiente reaparecieron los mismos síntomas. Llamé al padre exorcista y él me liberó por teléfono. Esto se repitió tres veces en el mismo día. Antes del exorcismo sentía que me volvía loco y tenía fuertes tentaciones contra la vocación; sin embargo, logré superarlas gracias al exorcismo.

En agosto reaparecieron los síntomas: cansancio extremo, jaquecas, la sensación de volverme loco, tristeza, etcétera. El padre me exorcizó en persona. Desde sus primeras palabras empecé a golpear el suelo con los pies. El demonio habló por mi boca; yo en cuanto podía rezaba interiormente, invocando el nombre de Jesús. El agua bendita me daba miedo, la píxide me quemaba en cuanto la acercaban a mí y mi cuerpo hacía movimientos incontrolables. Después del exorcismo todos los males desaparecieron y volvió la paz. Sufrí ataques una vez más, pero los superé con un exorcismo a distancia.

Terminaré diciendo que, para mí, fue muy importante descubrir la existencia del demonio. Desde ese momento empecé a luchar contra él y comprendí que yo no estaba loco. No obstante, sin la intervención de un exorcista no habría superado todo aquello y hubiese perdido mi vocación. También me sentí, y sigo sintiéndome, muy vinculado a la Pasión de Cristo.»

Las fuerzas del enemigo:
las sectas satánicas

Don Gabriele, usted empezó esta batalla hace más de veinte años. En todo este tiempo, ¿las fuerzas del enemigo han aumentado o han disminuido?

Mire usted, las fuerzas del enemigo siempre han sido idénticas, porque el demonio siempre tiene la misma fuerza. Lo que ha aumentado mucho es otro factor: que le han abierto las puertas. Antes el ocultismo no se practicaba tanto como ahora. Yo por ocultismo entiendo magia, sesiones de espiritismo, sectas satánicas y todo eso... Cuando la gente iba a la iglesia y rezaba, cuando las familias estaban unidas, la situación era distinta. Pero, en la sociedad actual, los jóvenes se van a vivir juntos, prescindiendo incluso de bodas civiles, los gays piden que se les reconozca el derecho a casarse y adoptar niños... Ocurren cosas absurdas que habrían sido impensables cuando yo era pequeño.

Todo esto —magia, ocultismo, espiritismo— contribuye a abrir las puertas. Y una vez abiertas el demonio tiene vía libre. No es que sea más fuerte, es que puede utilizar libremente su fuerza. Piense en todos los casos que tenemos de personas consagradas a Satanás. Son muchísimos. Cada vez quemo más notas con estas frases: Satanás, tú eres mi dios, quiero a Satanás, quiero estar siempre contigo, te honro, te adoro... Y luego dame, dame, dame. Dame riquezas, dame placeres, dame éxitos. El demonio se los da y pide a cambio el alma. No se trata de posesión; en estos casos el diablo ya posee el alma, porque estas personas han decidido entregársela. Conviene recordar que el demonio, por sí mismo, no llega hasta el alma. Sólo la obtiene si el hombre se la da y consiente en que se adueñe de ella.

Esas notas de las que hablaba me las traían personas que se habían consagrado a Satanás y que luego se habían asustado, porque es muy difícil salir de las sectas. Según varios testimonios, en América quienes abandonan una secta pueden acabar asesinados. Por eso los miembros tienen tanto miedo.

¿Y en Italia?

En Italia no conozco casos mortales. Pero, por lo que se ha podido saber, las personas que abandonan una secta son perseguidas y viven con miedo. Viven con mucha prudencia y temen a sus ex compañeros de secta. Aquí, en Italia, las sectas son muy numerosas; se dice que hay más de ochocientas, quizá más, y suelen tener pocos miembros: quince, veinte personas como máximo, a veces unas diez personas. Por tanto, quien las abandona teme a un número limitado de personas y la situación es bastante fácil de controlar.

De todas formas, no todas las sectas son iguales. Algunas son puro folclore, o auténticas payasadas. En cambio, otras son serias y terribles y celebran misas satánicas.

Poseído desde la infancia

Éste es el caso de un chico que en su más tierna infancia quedó al cuidado de su abuela paterna, quien, según parece, lo entregó a espíritus malignos. A los cinco años hizo la Primera Comunión y empezó a frecuentar la iglesia parroquial como monaguillo y acólito de confianza del párroco. Siguió así hasta los trece o catorce años.

Un lunes de Pascua el joven tiene la visión de una cruz luminosa y una voz le dice: «Sufrirás mucho». Desde entonces su cuerpo es presa de extraños fenómenos: flagelación, arañazos en el costado, signos iconográficos en pies y manos. Además, se le aparecen Jesús y la Virgen.

El lagrimeo de un cuadro del Sagrado Corazón llama la atención de la gente que lo rodea. El fenómeno se da a conocer al público, los periódicos locales hablan de ello e interviene la curia episcopal. Instituyen un proceso regular de investigación de hechos extraordinarios, pero el caso se archiva muy pronto por falta de verosimilitud. No obstante, los lagrimeos sangrientos de los cuadros prosiguen y el joven se convierte en el centro de atención de un grupo de amigos. Al año siguiente la cuestión de los fenómenos adquiere otros visos. Tras reunirse con un pseudocarismático que reza por él, el joven experimenta levitaciones y, a veces, la gente que va a verlo cae en una especie de reposo espiritual durante las oraciones. El joven deja de acudir a los sacramentos y rompe su relación con el pseudocarismático.

Un día, no recuerdo la fecha con exactitud, unos amigos me traen al joven para consultarme acerca del origen de los fenómenos extraordinarios, y para preguntarme cómo debían conducirse. Veo al chico sonriente, ingenuo, limpio, sereno, tranquilo.

Me habla del lagrimeo de los cuadros y me enseña el cuadro del Sagrado Corazón que, durante las oraciones, él extrae de su caja y expone a la vista de la gente. El cuadro presenta huellas evidentes de lágrimas de sangre, que han formado grumos en el cristal. Les pregunto a los amigos cuál es la opinión de la curia episcopal; me responden que ésta pone en duda el origen sobrenatural de los fenómenos. Le digo al joven que no dé mucha importancia a los hechos, que no exponga el cuadro ni rece en público, y que sea prudente mientras espera que el Señor manifieste su voluntad al respecto.

Al año siguiente, el padre del joven pide ayuda al párroco y al vicario de una parroquia vecina, pues el hijo se siente mal y su párroco no se interesa por él. Los dos sacerdotes se ocupan del joven y, al ver que su sufrimiento parece cosa del demonio, rezan plegarias de liberación. Al fin, un día me lo traen, convencidos de que necesita exorcismos.

Le practiqué cinco exorcismos, desde diciembre de aquel año.

Primer exorcismo. Están presentes los dos sacerdotes que acompañan al chico, junto a otras personas que han entrado con ellos. También hay un pequeño grupo de carismáticos. Al principio el joven tiene una expresión serena; pocos minutos después, eructos y signos de malestar. Me dice que los fenómenos extraños empezaron en su más tierna infancia, unos años antes de la Primera Comunión (que tomó a los cinco años). La hostia casi siempre sabía a «sangre rancia». En misa, durante la consagración, le venían a la cabeza blasfemias y, en el momento de la comunión, imágenes impuras. Los fenómenos más extraños empezaron a la edad de trece años: levitación, estigmas, signos iconográficos en el cuerpo, estatuas que se rompían y de las que brotaba sangre, estiramientos del cuerpo, paresia, visiones, pétalos y capullos de rosa saliéndole de la boca. Con cautela, empiezo por un exorcismo exploratorio. El joven cae y rueda por el suelo, patalea con violencia, gruñe, me escupe, intenta agredirme, tiene la voz ronca y los ojos rojos, llenos de odio. Practico el exorcismo con fórmulas imperativas. El agua bendita lo quema. Cuatro personas lo sujetan con dificultad en el suelo. Las reacciones son aún más violentas cuando nombramos a la Virgen de un santuario mariano local. Al cabo de un cuarto de hora, vuelve la calma. En esta fase de recuperación, el paciente sufre un nuevo ataque, pero lo reducimos con facilidad. Ahora, pese al cansancio, es capaz de rezar con el exorcista. Al despedirse se muestra contento, aunque eructa un poco.

Segundo exorcismo. Están presentes las mismas personas que la primera vez y se repiten los mismos fenómenos. Una patada imprevista me golpea la pierna.

Tercer exorcismo, en febrero del año siguiente. El párroco que lo acompaña me trae seis o siete cuadros de distintos tamaños, que representan al Sagrado Corazón o a la Virgen. A causa de los lagrimeos, están horriblemente desfigurados y llenos de coágulos de sangre. Le digo que los meta en sus cajas y que no los exponga a la vista de los curiosos. Durante el exorcismo las reacciones son menos violentas que las otras veces, aunque el paciente sigue siendo muy peligroso y se necesitan hombres musculosos para sostener al energúmeno. Una novedad: habla en varios idiomas.

Cuarto exorcismo, en marzo del mismo año. Lo presencian quince sacerdotes, reunidos para participar en un curso pastoral de demonología. El demonio se manifiesta, y dice: «Es mío, me pertenece desde hace mucho tiempo. Todo exorcismo es inútil, está atado a mí». Las reacciones son menos violentas, tarda menos en recuperarse. El chico no recuerda lo sucedido, sólo nota como un aro ceñido a su tobillo.

Quinto exorcismo, en mayo del mismo año. Están presentes casi todos los curas y los pocos laicos que asisten al curso de demonología. Las reacciones del joven son menos violentas aún. Hablo con el demonio, quien afirma que el chico es suyo desde la infancia y que no lo dejará.

Le pedí al párroco que acompañaba al chico que escribiera una breve relación. Es la siguiente: «Un servidor ha sido testigo ocular de muchos fenómenos. Acudí a su cabecera a llevarle la comunión; se debatía, víctima del dolor, y tenía arañazos en la espalda, pero recibió la comunión. En otra ocasión me llamaron por unos ruidos nocturnos que se producían en casa de un amigo suyo. Veo una puerta romperse en mil pedazos y la habitación desordenada. El chico no deja entrar a nadie en su dormitorio. Cuando todo termina, se mete debajo de la cama, exhausto. Hubo seis noches terribles en aquella casa. Y tres noches más en otra casa, a finales de julio. En esta última vive una señora que sufre trastornos de posesión.

Los fenómenos de este período son: objetos voladores, muebles destrozados, arañazos en las paredes, olor agrio a azufre. El cuerpo del chico es atraído, como si lo empujara una fuerza invisible. Sus amigos deben sujetarlo con fuerza a la cama. Mantiene un diálogo conflictivo con una presencia invisible. "No, no quiero, nunca lo haré. Vete, Satanás", dice el joven. Veo ofrendas florales, pétalos y capullos de rosa saliendo de su boca. En su cuerpo aparecen signos iconográficos, como el monograma de la hostia (IHS) y los rasgos faciales de un hombre en la parte superior de su cuerpo.

La vida cristiana es esporádica y su comportamiento no me convence. Ahora, tras la primera sesión con el exorcista y las plegarias de liberación, las reacciones se han atenuado. Continúan las perturbaciones nocturnas, los escalofríos, la sensación de que algo resbaladizo lo envuelve y le dice: "Eres nuestro"».

Liberar a una bruja

Estaba en el despacho parroquial y entraron dos mujeres. A una la conocía bien, pero a la otra no la había visto nunca. La primera me dijo: «Padre, esta mujer necesita su ayuda». Me dirigí a la recién llegada y le pregunté qué podía hacer por ella. Al mirarla a la cara, vi que hacía gestos muy raros con los ojos y las manos. Imaginando qué le ocurría, dije: «Señora, ¿a quién teme? El demonio no está aquí, aquí sólo está Cristo». Y puse ante sus ojos el crucifijo que tengo en mi escritorio.

La inquietud de la mujer aumentó de forma violenta, pero yo estaba preparado para lo peor y le grité: «¡Eres una bruja! ¿Qué quieres de Dios?». Al principio se sorprendió, pero luego me contestó: «Quiero liberarme del demonio, porque mi marido se está muriendo». «¿De qué se muere tu marido? ¿Lo has embrujado o maldecido?», le pregunté de inmediato. Y ella, entre lágrimas, me contó que le había gritado con maldad: «¡Ojalá te dé una gangrena!». La maldición funcionó, y ahora su marido estaba en el hospital, moribundo, en cuidados intensivos.

Con voz severa, le dije: «Yo no soy un santo, no hago milagros. Soy un exorcista; con la ayuda y en nombre de Dios, expulso demonios, pero no puedo salvarle la vida a tu marido». Entonces la mujer dio un gran salto, se puso de rodillas en el escritorio y alargó el brazo para cogerme del cuello. Estaba preparado para esa reacción del demonio y tuve tiempo de gritar: «Satanás, en nombre de Dios, ¡detente!». Ella, con los ojos en blanco y la boca abierta, se quedó inmóvil, aunque seguía tendiendo los brazos hacia mi cuello. Yo le grité al demonio: «Satanás, en nombre de Dios, te ordeno que no te muevas de esta posición».

Fui a la iglesia, metí una hostia consagrada en la píxide y me puse la caja sobre el pecho. Volví al despacho parroquial; la mujer seguía en la misma posición. Le ordené que bajara del escritorio, se sentara y no se acercara más a mí. Con la hostia consagrada me sentía más tranquilo; le dije en tono resuelto: «En vez de llorar por tu marido, deberías llorar por todas las personas a quienes has hecho daño en veinte años de actividad».

Ella, con voz cavernosa, me gritó: «Si mi marido muere, ¡le haré daño a toda la ciudad!». Me levanté corriendo, la así por los hombros y la empujé fuera del despacho y de la iglesia, gritándole: «Con ese corazón lleno de odio no eres digna de estar aquí». Entonces la mujer que la acompañaba me dijo: «Padre, usted trata con amabilidad a todo el mundo y no echa a los que están poseídos por el demonio. ¿Por qué expulsa de mala manera a esta mujer?». Le respondí: «Nosotros, los exorcistas, sólo ayudamos a quienes desean liberarse de la posesión demoníaca. Y quienes albergan odio en su corazón no desean ser liberados. Además, te aseguro que dentro de una hora la bruja volverá».

Y, en efecto, poco después regresó. Le dije que, si quería que le practicara un exorcismo, debía traerme todos sus objetos embrujados, para demostrarme que deseaba liberarse. A las tres de la tarde, cuando abrí de nuevo la iglesia, las dos mujeres me estaban esperando. Traían dos bolsas de plástico llenas hasta los bordes. Lo que salió de esas bolsas era escalofriante: incensarios, velas rojas y negras, clavos, alfileres, limones, fotos con el retrato de una persona marcado para recortarlo y un montón de hechizos ya preparados. Además, había libros sobre magia, brujería, hechizos, misas negras, orgías satánicas y demás.

Lo rocié todo con agua bendita, invoqué a Dios para que anulara los maleficios y encerré todo aquello en un armario, para que nadie lo viera. Luego le dije a la bruja que volviera más tarde, cuando la iglesia ya estuviese cerrada, con cuatro hombres. Llegaron puntuales. Comprendí que no era necesario consultar con un psiquiatra, ya que la presencia demoníaca estaba muy clara. Me puse las prendas talares y empecé el exorcismo. Le ordené al demonio que no hiciera daño a ninguno de los presentes, que no se acercase a nadie y se mantuviera a una distancia mínima de medio metro. Después comencé el rito. De vez en cuando, la bruja se ponía en pie, chillaba, blasfemaba; yo fingía no oírla. Ella alargaba las manos ante sí, pero sin tocar a nadie, y el demonio acabó gritando: «¿Qué habéis puesto aquí delante? ¡No puedo pasar!».

El demonio interrumpía a menudo la oración; decía que ellos eran trece, mientras que yo estaba solo, y que nunca lograría expulsarlos. Lo mandaba callar en nombre de Dios, y él se enfurecía. Una de las veces me gritó: «¿Qué has puesto entre nosotros? ¿Una pared de cristal?». Al final me dijo: «Ella no quiere que la liberes. Si quisiera, te lo habría dado todo, pero en el armario de su habitación guarda dos bolsas con hechizos listos para ser utilizados». En ese instante, la mujer dijo que estaba muy cansada, que no podía más. Aproveché para finalizar el exorcismo, diciéndole: «Yo no lucho con demonios cansados. Seguiremos mañana, con una condición: por la mañana, tráeme las dos bolsas de hechizos que, según el demonio, ocultas en el armario. Te espero mañana a las siete».

Al día siguiente, a las siete en punto, estaba delante de la puerta de la iglesia con dos bolsas. Me dijo llorando: «Mi marido se está muriendo. Le han puesto respiración asistida». Yo repuse: «Ve al hospital a ver a tu marido; Dios velará por él. Regresa esta noche, a las ocho, con los hombres que te acompañaron ayer». A las siete ya estaban todos en la iglesia. Cerré las puertas, me puse las prendas talares y me preparé para combatir. La bruja no cesaba de repetirme que me diera prisa, porque los médicos sólo le habían dado una hora de vida a su marido.

Recé pocas oraciones y enseguida retomé el exorcismo imperativo. En determinado momento la mujer empezó a chillar y a vomitar; de su boca salió un grumo de tierra marrón mezclado con saliva. Mientras lo rociaba con agua bendita empecé a contar: éste es el primer demonio. Seguí rezando y dando órdenes; uno tras otro, salieron doce demonios más. Una voz cavernosa me gritó: «Soy Satanás y no podrás expulsarme». Miré el reloj; eran las doce y diez de la noche. Dije: «Es el día de la Inmaculada Concepción. Satanás, en nombre de María Santísima Inmaculada, te ordeno que salgas de esta mujer y que vayas donde Dios te ha ordenado ir». Repetí esta orden diez veces, hasta que la voz ronca del demonio sonó de nuevo: «Ya basta, no quiero volver a oír ese nombre».

Respondí: «Demonio, repetiré ese nombre toda la noche. Si no quieres oír el nombre de María Santísima Inmaculada, Madre de Jesús, sal de esta mujer y vete». Entonces la bruja vomitó de nuevo, lanzó un grito y cayó al suelo desmayada. Por fin se había liberado de todos los demonios. Mientras ella dormía, nos dedicamos a limpiar. Puse agua bendita y mucho alcohol en el cubo. Prendí una hoja de papel y la eché sobre los restos del vómito de los trece diablos. Cuando ya estaba todo limpio, le ordené a la bruja, en nombre de Dios, que se levantara. Lo hizo muy despacio, como si el demonio la hubiera destrozado. Le dije que la esperaba en la iglesia por la mañana; tenía que confesarse y comulgar.

Así lo hizo. Días después, mientras estaba en una casa donde debía rezar una plegaria de liberación, sonó el teléfono. La dueña de la casa descolgó y luego vino corriendo a decirme: «Esa señora [la bruja] me ha pedido que le diga que su marido está bien. El día de la Inmaculada los médicos se asombraron; creían que iban a encontrar al paciente muerto y, en cambio, lo encontraron muy restablecido, incluso tenía hambre. Lo llevaron a una habitación normal; mejoraba a ojos vistas y comía con regularidad. Antes de Navidad, volvió a casa, ya curado».

El día de Navidad, marido y mujer estaban en la iglesia. Después vinieron al despacho parroquial a darme las gracias, se confesaron y tomaron la comunión. ¡Dios es grande!

Un pacto en una tumba

Un día me llama una esposa en apuros. Voy a su casa con el cura que me había ayudado en otras ocasiones. Durante los dos días anteriores a mi visita, yo había llamado varias veces. Según me cuenta la mujer, su marido siempre sabía que era yo quien llamaba, incluso antes de que ella descolgara, y solía dedicarme una sarta de injurias.

El caso es que voy a su casa. Empezamos el exorcismo a las seis de la tarde y lo prolongamos hasta la liberación. Al ser dos, leemos juntos el Ritual y en algunos momentos nos turnamos. Le creamos más dificultades al demonio cuando rezamos juntos. Los familiares nos invitan a cenar, pero rehusamos, para que el ayuno contribuya a la liberación. Los padres y la mujer rezan en otra habitación; no queremos que presencien escenas dolorosas.

Durante las letanías, el marido cae en una especie de trance; reacciona visiblemente ante la invocación a Santiago. Un tal Santiago, que fue empleado en el bar donde trabaja nuestro paciente, le encargó a un brujo un maleficio contra el exorcizado con el fin de quitarle el puesto. Mucho después de la liberación, le contamos todo esto al paciente, tal como nos lo había relatado el diablo. El hombre dijo que, una noche, había percibido con claridad el instante en que el demonio había entrado dentro de él. Intentó luchar, pero era demasiado tarde. Según contó el demonio durante el exorcismo, hicieron un pacto escrito, y lo guardaron en una tumba. Tras una dura lucha, en la que debilitamos al diablo con la ayuda de sacramentales (agua y sal bendecidas, reliquias y medallas), nos responde con precisión, diciéndonos el pueblo, el cementerio y el sarcófago donde habían ocultado el papel. Al día siguiente, la mujer fue al lugar indicado; frente a la entrada, en un sarcófago vacío, encontró entre varios papeles dos hojas de cuaderno, sin ninguna escritura visible, y las quemó.

Tomo en mis manos el Ritual para seguir con el exorcismo, busco el punto donde me había quedado, y el poseído me dedica una sonrisa burlona. Además de proferir injurias, de vez en cuando vomita y nos escupe, pero estamos bien protegidos y nunca nos da. Ahora el demonio es muy débil; el hombre reza con nosotros y, en determinado momento, me dice que quiere confesarse. Lo confieso sin problemas. Tras el último exorcismo, las reacciones cesan. Es la una de la madrugada. Temiendo un en— gaño, empezamos el gran exorcismo. Esta vez no hay ninguna reacción.

Culto a Satanás

Una pareja con cinco hijos, dos varones y tres chicas. En varias ocasiones han rendido culto a Satanás, instigados por el novio de una de las hijas, miembro de una secta llamada *Gato Negro*. Este joven, aprovechando la ingenuidad de la familia, mandó construir en la casa una pequeña capilla dedicada a Satanás, y logró realizar una especie de consagración: todos se habían hecho unos cortes en los dedos a modo de *bautizo* de sangre. Además, el chico había llevado a cabo prácticas impúdicas; por ejemplo, les había hecho beber a todos su orina mezclada con semen.

En poco tiempo, la casa se convirtió en un infierno: gritos y peleas continuos, muebles chocando contra las paredes, objetos que se rompían o desaparecían sin motivo. Además, toda la familia era víctima de la violencia y padecía ahogos. También había grifos cerrados de los que seguía brotando agua, etcétera.

Cuando me llamaron, aquello era para echarse las manos a la cabeza. Comencé a exorcizar a los miembros de la familia, uno por uno. Durante el exorcismo, los que permanecían en la habitación contigua imprecaban y se debatían, con el fin de obstaculizar mi labor. También exorcicé la casa y, además de las oraciones y sacramentos, utilicé óleo y agua benditos en abundancia.

Destruimos todos los objetos que empleaban para el culto al demonio. Se retractaron del pacto con Satanás, renovaron los votos del bautismo y se consagraron al Sagrado Corazón de Jesús. Les pedí a todos que, además de ir a misa los días festivos, asistieran al menos a otra misa semanal en días laborables. Oficié una misa en la casa; todos se confesaron y tomaron la comunión.

Para contrarrestar el efecto de la capilla dedicada a Satanás, construyeron en el patio, en un lugar destacado, una hornacina para la Virgen, y en la entrada colocaron una imagen de Jesús Misericordioso, el de sor Faustina Kowalska.

Aquel infierno fue desapareciendo paulatinamente, pero aún sigo exorcizando a los miembros de la familia. Soy optimista, porque ya he conseguido buenos resultados, y porque veo que todos ellos son sinceros en su empeño.

Poseída a traición

Los testimonios anteriores muestran la variedad de casos a los que debe enfrentarse un exorcista, pero quizá sea más revelador aún el siguiente testimonio de una chica poseída por el diablo.

«Me liberaron por completo de Satanás. Llevaba dieciocho años bajo la influencia de la magia negra, aunque sin participar en la misma. Caí en ella a traición, pero, en términos prácticos, no le vendí mi alma a Satanás. Escribo mi historia para que sirva de ejemplo y consuelo, para demostrar que es posible salir de situaciones tan trágicas como ésta. No le puedo decir el nombre del exorcista que me liberó, porque me lo ha prohibido. Este buen cura ofició treinta misas por mi liberación, y me practicó treinta exorcismos. Así fue como me liberó por completo de las presencias maléficas que estaban dentro de mí. Además, como no vivíamos en la misma ciudad, me hizo treinta exorcismos más para liberarme de las perturbaciones externas. Hay muchos sacerdotes competentes que podrían exorcizar a varias personas, al igual que hizo conmigo ese padre. Y podrían liberar y salvar muchas almas. Me refiero sobre todo a curas ancianos; el que me liberó a mí tiene más de ochenta años.

Por último, quisiera decir algo sobre las sectas. Cuando se hace un pacto a traición con Satanás, el mismo demonio reconoce que la única religión verdadera es la cristiana católica, fiel al Papa, y por eso las sectas luchan contra ella. Toleran a duras penas las otras religiones cristianas, mientras que apoyan el budismo y el *mahometanismo* [sic], por ser religiones falsas. Las sectas suelen ocultarse bajo nombres y objetivos falsos, casi siempre como terapias alternativas a la medicina tradicional.»

Ritos satánicos en el cementerio

El interesado es un joven de veinte años. Llega acompañado de sus padres. Padece fuertes dolores en los testículos y en todo el cuerpo; chilla como un obseso. Ha salido momentáneamente del hospital donde está ingresado para asistir a una plegaria de liberación. Los médicos no se explican la causa de tanto sufrimiento y el joven ha decidido pedirnos ayuda a nosotros.

Me cuenta su historia con mucho esfuerzo, entre espasmos, sujetándose el bajo vientre.

«Hace unos tres años, unos amigos de mi edad me propusieron hacer ritos satánicos. Yo no creía en eso, sólo participé por curiosidad. Los ritos se realizaban en un cementerio; éramos diez personas, y uno era el jefe. Todos llevábamos capuchas durante el rito sacrificial y la misa negra. Los ritos sacrificiales se efectuaban en el sótano del cementerio, sobre la tapa de piedra de una tumba abierta. Los hacíamos de vez en cuando, con intervalos de varios meses. El sacrificio de animales consistía en matar un gato, ave o serpiente mezclados con huesos de muertos que cogíamos del osario. Comíamos la carne de ave o gato calentada al fuego, mezclada con sangre de serpiente o huesos triturados. Yo comí ave y bebí sangre de serpiente. Por cierto, la serpiente es el símbolo de la secta. Luego, durante el rito, manteníamos relaciones sexuales con una muchacha virgen a la que habíamos llevado engañada. El rito solía durar unas tres horas. Le ofrecíamos el sacrificio al dios Abu Katabu, al que sentíamos presente, junto con el dios indio Zei.

El último rito lo celebramos el domingo pasado. Fui solo, ningún amigo vino a recogerme. Sentía que me llamaban, pero ahora veo que soy una víctima designada y tengo miedo.»

Le pregunto: «¿Cómo te las arreglaste para entrar en el sótano, abrir el osario y cumplir con los ritos sin que los vigilantes del cementerio se dieran cuenta?». Me dice que, anteriormente, ya había robado las llaves, que conocía bien el lugar, sabía abrir y cerrar la reja del pasillo del sótano y que, después del rito nocturno, volvió a dejarlo todo en su sitio.

También le pregunto cómo lograban embaucar y desvirgar a las chicas. Me dice que el pretexto más común es proponerles que vayan a rezar a la iglesia o al cementerio, junto a la tumba de un conocido. Suelen llevar una o dos cada vez; las obligan a asistir al rito y luego se unen a ellas. Les pagan con dinero, les imponen silencio. Según el joven, las chicas suelen respetar el trato; algunas incluso vuelven, pero los chicos siempre quieren muchachas vírgenes para los ritos y sólo se sirven de las otras si no encuentran vírgenes.

Le pregunto cómo se llama la secta, cómo se entra en la misma y si existe algún pacto entre ellos. Me responde que se llama *Serpiente Negra* y que adoran al dios Abu Katabu. También me dice que, una vez se entra, es difícil salir. A dos chicos que salieron, el resto los maldijo durante un rito. Al cabo de dos días, uno de aquellos chicos murió en un accidente de moto y el otro se fracturó el cráneo. El jefe de la secta tiene veinticuatro años.

Me interesa saber cómo celebran las misas negras. Me dice que utilizan hostias robadas. Él mismo robó varias en su iglesia, donde lo conocían; había sido monaguillo, sabía dónde estaban las llaves y cogía las hostias directamente del sagrario. Últimamente, la cosa se había puesto más difícil, de modo que hacía cola para tomar la comunión y luego se metía la hostia en el bolsillo.

La misa negra la celebra un ex monje, quien se viste de rojo para la ocasión. Escupen sobre las hostias y después las queman. También emplean huesos de muertos y profieren maldiciones contra sus enemigos. Él las profirió contra sus familiares y, según dice, las maldiciones siempre surten efecto.

Tras este diálogo preliminar, empiezo con el exorcismo. Al escuchar las letanías de los santos, el chico se pone hecho una furia, patalea, grita y es un peligro. Invoca a Abu Katabu. Noto presencias demoníacas y echo agua bendita. El joven grita e invoca a sus dioses, Abu Katabu, Zei y otros. Grita por el dolor en los testículos, arremete contra su abuela y su madre. Esta última está presente, y le dice a su hijo que su abuela y su tía siempre lo han querido. Él responde que necesitaba el amor de su madre, no el de su abuela ni el de su tía, y que por eso los ha maldecido a todos. Advierto que un fuerte componente psicológico impulsa al chico a reaccionar ante las carencias de afecto. Tras sus maldiciones, a la abuela la operaron de un cáncer de mama, a la madre, de apendicitis, y el padre sufrió una fuerte descarga eléctrica que hubiese podido ser mortal. El joven atribuye estas desgracias a sus maldiciones.

En determinado momento, pierde la vista; luego habla en varios idiomas y me hace cuernos con la mano. Vomita, y así es como empieza a liberarse; se siente más ligero, llora, pide ayuda, se santigua.

Uno de mis ayudantes, amigo del vigilante del cementerio, va al lugar de los hechos y saca unas fotos. Los detalles que ha narrado el joven son ciertos.

Llegamos al segundo exorcismo. Gritos desgarradores, fortísimos dolores en el bajo vientre. El chico invoca a sus dioses y se siente rodeado de llamas que lo queman. Chilla a más no poder, pide que le echemos agua en el pecho y los hombros, pero el agua bendita aumenta su dolor. Luego empieza a desembuchar; tiene muchos remordimientos. Sigo observando un fuerte componente psicológico en su tormento. Dice que el puntapié en el bajo vientre se lo dio su chica durante la violación. Ahora, después del rito satánico, ella está ingresada en el hospital, en estado de coma.

El joven vomita de nuevo; le doy agua bendita para que siga vomitando. Se calma, recobra el sentido, pide que lo salvemos. Quiere ver a su padre, su madre, su abuela, su hermano. La escena es conmovedora; les pide perdón a todos, los abraza llorando. Me abraza a mí también, invoca el nombre del Señor, reza con nosotros.

Sigue temiendo que lo maten. Se cree una víctima designada y necesita protección, cuidados especiales.

Satanistas en el Vaticano

*Don Gabriele, antes ha dicho usted que algunas sectas son poco serias,
mientras que otras son mucho más terribles.*

Desde luego, algunas son terriblemente serias. Y, por desgracia,
las hay por todas partes, incluso en el Vaticano.

¿En el Vaticano?

Sí, en el Vaticano hay miembros de sectas satánicas.

¿Y quiénes son los implicados? ¿Se trata de curas o de laicos?

Hay curas, monseñores y hasta cardenales.

Disculpe, don Gabriele, pero... ¿usted cómo lo sabe?

Lo sé por personas que me lo han contado y que han tenido
ocasión de comprobarlo directamente. Además, el mismo demonio se ha visto obligado a *confesarlo* en más de una ocasión durante los exorcismos.

¿El Papa está informado de ello?

Claro que está informado. Y hace lo que puede... Es algo escalofriante. Tenga en cuenta que Benedicto XVI es un Papa alemán,
y en su país siempre han sido muy reacios a creer en estas cosas.
De hecho, en Alemania casi no hay exorcistas; sin embargo, el
Papa cree. Tuve ocasión de hablar con él tres veces, cuando aún

era prefecto de la Congregación para la Doctrina de la Fe, y ¡vaya si cree! Además, ha hablado de ello explícitamente y en público muchas veces. Incluso nos recibió como asociación de exorcistas, e hizo un bonito discurso animándonos, elogiando nuestro apostolado. Por otra parte, no olvidemos que Juan Pablo II habló muchísimo del diablo y el exorcismo.

Entonces es cierto lo que decía Pablo VI: el humo de Satanás ha entrado en la Iglesia.

Por desgracia, es cierto; en la Iglesia hay adeptos a las sectas satánicas. Pablo VI dijo lo del «humo de Satanás» el 29 de junio de 1972. Y, como la frase suscitó un gran escándalo, el 15 de noviembre del mismo año dedicó uno de sus discursos de los miércoles al demonio, con frases muy duras. Sólo que su discurso no tuvo repercusiones prácticas. Rompió el hielo, eso sí, y levantó el velo de silencio y censura que se había echado durante tanto tiempo, pero nada más. Se necesitaba alguien como yo, un hombre insignificante, un don nadie, para dar la voz de alarma y obtener repercusiones prácticas.

El poder del demonio en la Iglesia

Una pareja con dos hijos de catorce y doce años. Quince años de matrimonio. Antes de casarse, la mujer había asistido a varias sesiones de espiritismo. El día de la boda, se sintió incapaz de dar su consentimiento a la unión sagrada; en su interior, oía la voz de Asmodeo, que la dominaba por completo, diciéndole: «Dime que sí a mí, no a tu marido. Yo te haré feliz en todo; te daré sexo, dinero, salud, todo lo que quieras. Tú eres mía».

Todo ocurrió de un modo extraño, y la mujer no sabe explicar ni siquiera hoy lo que hizo durante el rito sacramental. En una de las sesiones de espiritismo le dieron comida embrujada, y lleva veintitrés años con dolores de estómago y de cabeza.

Además, odia a su marido, odiaba a muerte a su suegro, ya fallecido, odia al hijo pequeño y, a veces, se llega a poner muy violenta. En cambio, quiere con locura al hijo mayor; cuando éste frecuenta malas compañías, fuma porros, no estudia o no va a la iglesia, su espíritu lo percibe y disfruta. Está comprobado: ella intuye lo que hace su hijo, como si entre ambos existiera un oscuro vínculo.

La casa está infestada, sobre todo la habitación del hijo mayor, que se siente mal, oprimido, como aplastado. Una noche, puse en su dormitorio un vaso lleno hasta la mitad de agua exorcizada, con una cucharadita de sal. Por la mañana, la sal se había derramado hasta el suelo. Después, la mujer se confesó, renovó su pacto matrimonial e inició una intensa vida cristiana para obtener el perdón. Entonces empecé a exorcizarla. Su reacción fue violenta y pronunció los nombres de varios demonios.

Seguí practicándole exorcismos cuando la señora sentía que la *invadían*, pues no se trataba de una posesión estable. Las reacciones siempre fueron violentas, llenas de insultos, órdenes de no perdonar, rechazos al marido. Y repetían que allí estaban bien y no se pensaban marchar, y que se llevarían a la mujer. Lo tengo todo grabado, porque hay datos importantes sobre el poder de los demonios en la Iglesia católica actual, aunque no debemos olvidar que quien habla es el maestro de la mentira. Cuando no podía intervenir en persona, practicaba el exorcismo por teléfono, con los mismos resultados.

Me protegen desde arriba

Volvamos a su vida, don Gabriele. ¿Las sectas de las que me hablaba intentan importunarlo, obstaculizar su actividad?

No, estoy muy bien protegido. El demonio nunca me ha importunado, aunque otros curas exorcistas sí han tenido problemas: ruidos en casa, por la noche, que no los dejaban dormir, y perturbaciones de varios tipos. Pero a mí nunca me ha ocurrido nada, al menos hasta ahora.

Conviene recordar que, en torno a las sectas, se mueven constelaciones de personajes sin escrúpulos: brujos, cartománticos, videntes... Pues bien, el 98 por ciento no son más que charlatanes. Sólo tienen unos conocimientos psicológicos mínimos, que les permiten comprender a las personas. Evidentemente, quien recurre a un brujo ya se encuentra en un estado de debilidad psicológica, tiene un dolor o un problema y espera que el brujo se lo puede resolver. Por tanto, se halla en una situación excepcional y está dispuesto a hacer las cosas más absurdas.

Voy a contarle un episodio que me ocurrió hace tiempo. Y no lo protagonizó ninguna viejecilla ignorante, sino un ingeniero electrónico. Fue a ver a un brujo, porque las cosas le iban mal en el trabajo, también en la salud, pero sobre todo en el ámbito laboral. El brujo le dio una bolsita que debía llevar siempre consigo. Él, muy obediente, se la metía cada día en el bolsillo de la chaqueta y, cuando se acostaba, en el bolsillo del pijama. Más adelante, cuando vino a verme a mí, me trajo esa bolsita. La abrí; dentro había una cuerda con unos nudos, nada más. Le dije: «Disculpe, señor, un hombre como usted... ¿no se siente un poco tonto con esto?». Y pensar que pagó cuarenta y dos millones de las viejas liras, ¡más de veinte mil euros!

Lo que quiero decir es que ser brujo tiene muchas ventajas. Les ofrecen a sus clientes amuletos específicos para el problema que quieren resolver y, aunque no sirvan para nada, los cobran a precio de oro.

Volviendo a la historia del ingeniero, el caso es que vino a verme, porque el brujo no había hecho más que agravar su situación, dejándolo en un estado de postración física y con grandes dificultades laborales. Además de todo esto, podía haber influencias demoníacas. Incluso llegué a exorcizarlo, aunque pocas veces, ya que no mostraba reacciones significativas. Y, si no hay reacciones, significa que los males tienen otros orígenes.

El discernimiento

El último caso que ha descrito me lleva a pedirle que, en beneficio de nuestros lectores, profundice usted en el tema de la capacidad de discernimiento, algo indispensable para todo exorcista que se enfrente a un caso. ¿Es cierto lo que se dice del padre Candido, que sólo mirando a una persona ya sabía si tenía un problema concreto?

Exacto. El padre Candido poseía discernimiento. Tenía un don, un carisma del discernimiento extraordinario. Tenga en cuenta que sólo recibía visitas por la mañana, y nunca en domingo; aun así, había llegado a recibir a ochenta personas en una sola mañana. Entraban de dos en dos, rezaba una oración muy breve y luego les decía: «Vuelva», o «No vuelva». «Vuelva» significaba que había algo, «No vuelva» significaba que no había nada demoníaco.

Incluso lo sabía con sólo mirarle la cara a alguien. Le diré más: era capaz de hacer diagnósticos a partir de fotografías, siempre y cuando se vieran bien los ojos, porque a veces, en las fotos, los ojos no se aprecian... Ya ve, hacía diagnósticos sólo con fotos. Y curó a muchas personas que padecían tumores.

A mí me ocurrió algo parecido. Traté a varias mujeres con quistes en los ovarios que luego se curaron. Las tenían que operar, venían a verme para que las exorcizara y me decían: «Padre, deme su bendición, me van a operar». Yo les practicaba un exorcismo normal y luego se iban a casa. Antes de la operación, les hacían un último análisis, con un TAC, y ya no tenían nada. En estos casos podemos hablar de *plegaria de curación*.

Yo hago plegarias de curación y plegarias de liberación, e incluyo ambas en el exorcismo, porque en el Evangelio también iban juntas. El Señor solía hacer ambas cosas: curar enfermos y expulsar demonios. Y, como el Evangelio dice: «Expulsad a los demonios y curad a los enfermos», yo practico el exorcismo con la intención de que la plegaria tenga también poderes curativos. Gracias a Dios, hasta ahora no he tenido casos tan graves como los del padre Candido, que llegó a curar enfermedades para las que no había esperanza.

El padre Candido trató a personas que sufrían fuertes dolores de cabeza debidos a tumores. Iban a verlo y, después de su oración de exorcismo, el tumor desaparecía; no de forma inmediata, sino al cabo de unos días. Entonces, los enfermos llamaban para contar lo ocurrido: «Esta noche me he curado», o «Todos los tratamientos y medicinas que me dieron no me han servido para nada. En cambio, después de su bendición...». En estos casos, aparte de la sintomatología médica, quizá se hubiera producido una leve vejación.

A diferencia del padre Candido, yo no estoy dotado de un carisma del discernimiento especial; para evaluar un caso, tengo que practicar un exorcismo de diagnóstico. Es decir, necesito ver la reacción al exorcismo y, después, hacer un seguimiento del caso. A veces, los exorcismos no provocan reacciones inmediatas, sino que los pacientes regresan a casa y mejoran al cabo de uno o dos días. Me llaman para decírmelo, como si fuera algo extraordinario, y luego vuelven. Practico más exorcismos y la mejoría empieza a ser inmediata, hasta que el trastorno desaparece. En cambio, la primera vez que vienen observo su reacción y, aparentemente, no ocurre nada. Sí, a veces se mueven y chillan, pero algunos de ellos no experimentan una reacción seguida de un cambio. Más adelante me dicen: «Nadie podía quitarme ese mal. En cambio, después de su bendición...». Yo las llamo bendiciones para no asustar a nadie con la palabra *exorcismo*, y son tan efectivas que el trastorno desaparece. A veces, durante la primera etapa, el efecto tiene una duración limitada. Me dicen: «Padre, después de su bendición estuve bien un mes, pero ahora el mal ha vuelto». Respondo: «Pues vamos a repetirlo, quizá eso signifique que usted necesita una bendición al mes». La verdad es que cada caso es distinto.

Con todo, puedo afirmar que la cabeza y el estómago son los dos puntos más vulnerables, aunque el demonio ataca en todas partes: huesos, piernas, con frecuencia en el útero o los genitales. A veces, los hombres dejan de tener erecciones y, después de la bendición, vuelven a la normalidad.

Caminos y formas del Mal

Don Gabriele, ¿podría hablar de las distintas modalidades con las que se puede causar un maleficio, de las formas en que el Mal puede afectar al hombre?

Para contestar esta pregunta, utilizaré un esquema del maleficio extraído de varios autores y de mis reflexiones personales sobre los casos tratados.

El maleficio es un daño causado a través del demonio. Según su objetivo, puede ser:

- Amatorio: favorece o destruye una relación amorosa.
- Hostil: causa daños físicos, psíquicos, económicos o familiares.
- De legamen: crea impedimentos a la acción, los movimientos y las relaciones.
- De transferencia: los daños infligidos a un muñeco o una foto de la persona a quien se desea perjudicar se transfieren a dicho individuo.
- Putrefacción: causa un daño mortal, pues hace que se pudra un material expuesto a la putrefacción.
- Posesión: introduce una presencia diabólica en la víctima, lo cual constituye una auténtica posesión.

Según la modalidad, un maleficio puede ser:

- Directo: la víctima entra en contacto con el objeto portador del mal (por ejemplo, alguien le da comida o bebida embrujadas).
- Indirecto: la acción maléfica se realiza sobre un objeto que representa a la víctima.

Según la acción:

- Por implantación y tortura: con alfileres, clavos, martillos, pinchos, fuego, hielo...
- Por sujeción o atadura: con cintas, nudos, correas, tiras, aros...
- Por putrefacción: enterrando el objeto o animal símbolo tras haberlo embrujado.
- Por maldición: directamente contra la persona, o contra una foto o símbolo de la misma.
- Por rito satánico: por ejemplo, un culto satánico o una misa negra realizados con el fin de dañar a alguien.

Según el medio:

- Con hechizos: muñecos o carne con alfileres, huesos de muertos, sangre, pollos, sapos.
- Con objetos embrujados: regalos, plantas, almohadas, muñecas, cintas, talismanes.
- Con la mirada (mal de ojo), contacto por manos, abrazos.
- Por teléfono: en silencio, soplando o de otras formas.

Un hechizo de muerte

Tras haber clasificado los maleficios, ahora voy a incluir el testimonio de un caso en el que hubo un hechizo de verdad. Digo «de verdad» porque, en la mayoría de los casos, nos encontramos con hechizos y antídotos (es decir, contrahechizos) preparados por charlatanes, impostores y demás. Pero también hay hechizos de verdad, auténticos *maleficios*, esto es, «males causados con la intervención del demonio». Son hechizos efectuados por brujos de verdad, personas que han hecho un pacto con Satanás, seguidores de su culto. Personas que suelen vivir con envidia, odio y perfidia, lo mismo que el demonio. Es importante dejar claro todo esto, porque hoy en día mucha gente, incluso muchos curas, no creen en la existencia de los hechizos. Además, algunos sacerdotes, para eliminar los miedos de quienes se obsesionan con los hechizos, predican su inexistencia. Sin embargo, no se puede inculcar la verdad a partir de una mentira.

Una joven se sentía muy mal desde hacía tres años, aunque sólo por las noches. En cuanto entraba en su dormitorio, empezaba a perder el conocimiento, respiraba con creciente dificultad, estaba a punto de ahogarse y caía desmayada. Su madre la llevaba a urgencias y, al entrar en el hospital, las molestias desaparecían.

Los médicos no le encontraban nada, su salud parecía ser perfecta. Regresaba a casa y otra vez los mismos síntomas, pero sólo cuando entraba en su dormitorio, concretamente cuando apoyaba la cabeza en la almohada: inquietud, náuseas, una jaqueca insoportable. Los dolores eran tan fuertes que no podía dormir, y nada la aliviaba. La visitaron distintos especialistas; tras muchos análisis, concluyeron que podía tratarse de ataques epilépticos, aunque esta enfermedad nunca apareció en ningún encefalograma ni en otras pruebas médicas.

Un día, una señora amiga de la familia les aconsejó que fueran a ver a un exorcista. Después de tres exorcismos y tres bendiciones a la casa, no se obtuvo ninguna reacción ni mejoría; los dolores de la joven persistían. Le recomendaron que llevara una vida cristiana más ferviente e intensa y que utilizase agua exorcizada; además, le sugirieron a la familia que abriera todas las almohadas de las camas. Le dieron este último consejo porque creían que podía haber algún maleficio en la almohada de la joven y, como pensaron que tal vez se sentiría humillada si se lo pedían a ella sola, dieron la misma indicación a toda la familia. Todas las almohadas eran de plumas; las había confeccionado la madre de la joven. En el resto de almohadas no se halló nada sospechoso, pero en la de la chica encontraron una tela negra de muerto, tan grande como la almohada, ribeteada de plumas, como una corona mortuoria. Le aconsejaron que echara agua bendita sobre la almohada y que luego la quemaran. Quizá fue un error; podían haber conservado la tela negra como prueba, para los que no creen en los maleficios.

El caso es que, después de hacerlo, los dolores cesaron. La joven volvió a dormir bien, y los malestares desaparecieron. Ya han pasado muchos meses desde que quemaron la almohada. La chica está bien, ha retomado todas sus actividades cotidianas, vive y duerme, y la familia ha recobrado la serenidad.

Evidentemente, se trataba de un hechizo de muerte. La tela negra, introducida en la almohada por arte de magia, debía conducir poco a poco a la joven a la desesperación y la muerte. Investigaron con prudencia y decisión para averiguar quién podía ser el autor de los hechos. Y descubrieron que una familia vecina, por odio y envidia, había encargado el hechizo de muerte contra toda la familia, aunque sólo había funcionado con la hija. Por supuesto, la madre juró haber confeccionado la almohada de su hija igual que las demás, sin meter nada dentro que explicara la presencia de la tela negra.

El tiempo de liberación

¿Es cierto que, hoy en día, el período necesario para obtener la liberación mediante exorcismos es más largo que antes?

En mi opinión, esto ocurre porque hay menos fe, incluso por parte de los exorcistas. Y las personas exorcizadas y sus parientes también tienen menos fe.

Recuerde aquel episodio del Evangelio en el que nueve apóstoles, al pie del monte Tabor, no consiguen liberar a un joven. Se defienden alegando que lo hacen en nombre de Cristo y le preguntan a Jesús: «¿Por qué nosotros no pudimos expulsar a ese demonio?». La respuesta es: «Porque tenéis poca fe». Según otro evangelista (el episodio está en los tres Evangelios sinópticos), Jesús respondió: «Esta clase de demonios se expulsa sólo con la oración». Y un tercero dijo: «Se expulsa sólo con la oración y el ayuno». Ahora bien, para los judíos, la oración siempre iba unida al ayuno. Por tanto, el evangelista que sólo habla de oración sobrentiende el ayuno. Hoy en día, tanto el exorcista como las personas exorcizadas tienen poca fe, por eso se necesita mucho tiempo.

El período de liberación también depende del tiempo que el mal lleve enraizado. Sólo en un caso, ¡sólo uno!, liberé a una chica de catorce años con un exorcismo de diez minutos. ¿Por qué? El día antes, había ido con una amiga, por curiosidad, a un rito satánico. Por la noche, cuando volvió a casa, chillaba, mordía, pataleaba. Su padre la metió en el coche (vivían cerca de Roma) y la llevó al santuario de la Escalera Santa. Naturalmente, estaba cerrado. Tuvieron que esperar hasta las seis de la mañana. Cuando abrieron, el hombre preguntó por el padre Candido y le dijeron que ya no hacía exorcismos, porque estaba enfermo. «Lo sustituye el padre Amorth», añadieron, para que se dirigiera a mí.

La niña llegó aquí poco después de las ocho; yo ya había empezado a hacer exorcismos, y seguí hasta las doce del mediodía. Gracias a Dios, no estaba solo; me acompañaba otro exorcista más competente que yo, otro alumno del padre Candido, que aún exorciza. Los porteros me decían: «Anda, padre Amorth, reciba también a ésos». Yo respondía: «Estoy muy cansado, ya son las doce...». E insistían: «Están esperando desde las ocho de la mañana; en realidad, llegaron a Roma anoche». Al final, cedí: «Está bien, vamos a exorcizarla».

Tras diez minutos de exorcismo, cayó en trance. Primero me mordió la mano; no fui lo bastante rápido apartándola y me dije que debía tener más cuidado. El otro exorcista, al verla en trance, se acercó a la camilla y preguntó: «¿Te has quedado sin fuerzas? ¿No puedes ni hablar?». Dijo que no con la cabeza. A los tres o cuatro minutos, corría por el patio con su hermano. ¡Curada por completo!

En el caso de esta chica, el demonio acababa de entrar, sólo hacía un día; por eso la liberación fue tan rápida. En cambio, cuanto más tiempo lleva, más raíces echa. Por eso, en el primer exorcismo le pedimos al Señor que desarraigue al diablo y lo expulse. A veces, llega un hombre de cincuenta años y, al repasar su historia, nos enteramos de que fue víctima de un maleficio cuando era pequeño, pongamos a los cinco años de edad. Después de tantos años, el demonio ha echado raíces muy profundas y es comprensible que se necesite mucho tiempo. Si conseguimos la liberación en cinco, seis o siete años, ya me doy por satisfecho.

Lo ideal sería practicar un exorcismo al día

Si tuviera un solo paciente, lo ideal sería practicar un exorcismo al día. Si no, al menos una vez a la semana; o sea, más de cincuenta exorcismos al año por persona. Pero... mire usted mi calendario. Arriba anoto las visitas de la mañana, abajo, las de la tarde. Aquí tiene, por ejemplo, el mes de diciembre, que no fue uno de los más sobrecargados: todo lleno, incluido el día de Navidad.

En cuanto a la duración del exorcismo, suelo tardar media hora, pero a veces no es suficiente, porque hay que continuar hasta que la persona despierta. Si el paciente cae en trance, debemos esperar a que recobre el sentido. Cuando vuelven en sí están alegres, contentos, se sienten curados; pero no es así. Al cabo de unas horas, o al día siguiente, vuelven a caer en lo mismo.

Recuerdo un caso único, el exorcismo más largo que he hecho. Era un 8 de diciembre, un día especial, dedicado a la Inmaculada Concepción. El padre Candido exorcizó durante años a esa señora y luego me la pasó a mí. Yo la veía una vez a la semana; ese día, otro exorcista y yo le practicamos un exorcismo de cinco horas y media. Después, se la veía tan liberada... Besos, abrazos, felicidad, estaba radiante. Sin embargo, al cabo de una semana, volvía a estar como antes. Era un caso muy peculiar. Tenía muchos demonios dentro, y el diablo había echado profundas raíces en ella. No creo que esa señora, a la que el padre Candido había tratado mucho tiempo y a la que seguí tratando yo, esté liberada ni siquiera ahora, con sesenta años cumplidos. Ha mejorado, eso sí; puede hacerlo todo, llevar una vida autónoma, es una buena esposa, tiene hijos, trabaja...

Al principio, cuando fue a ver al padre Candido, sufría dolores en todas partes, sobre todo en la cabeza, sin razón aparente. La habían visto muchos médicos y ninguno encontraba una explicación. La mujer era víctima de unos maleficios; en realidad, el origen del 90 por ciento de los casos son los maleficios. Una vez, al llegar a su casa para exorcizarla (cuando estaba en Roma venía a mi despacho, pero cuando yo iba a Capranica, el exorcismo se hacía en su casa; ese día yo estaba un poco desmoralizado, aunque intentaba disimularlo), la señora me dijo: «Padre Amorth, usted sabe que nosotros somos muchos hermanos, todos casados y con hijos. Ninguno de nosotros rezaba, ninguno íbamos a misa. Desde que yo empecé a tener problemas, todos van a misa, todos rezan juntos el rosario». Entonces me dije: «Señor, ahora comprendo por qué ha durado tanto tiempo». El Señor consigue grandes bienes espirituales a través de esos sufrimientos. He visto familias alejadas de la religión que se han transformado por completo al tener un caso de este tipo; de pronto, todos van a misa, oran, rezan el rosario, hacen peregrinaciones…

Sufrimientos y beneficios espirituales

Ha dicho usted que muchas veces las liberaciones difíciles, que requieren largo tiempo, aportan un beneficio espiritual a las familias de los poseídos. ¿Esto también ha incidido en su vida?

Sin duda. He visto los beneficios espirituales que el Señor da para compensar los sufrimientos de estas personas. Ofreciendo los sufrimientos a Dios, se salvan almas. Y el Señor tiene muchas almas que son víctimas. Escribí *Una vita dietro un sorriso*, la historia de una mujer beatificada que pronto será canonizada, Alejandrina María da Costa, a quien le debemos la consagración del mundo al Corazón Inmaculado de María. Pues bien, según varios testigos, ella experimentaba la Pasión, tenía estigmas y, en los últimos trece años de su vida, vivió única y exclusivamente de la Eucaristía. Padecía sufrimientos continuos y atroces día y noche, porque no dormía.

Según una revelación del Señor, esta mujer salvó millones de almas. Piense en la Virgen de Fátima, en lo que les dijo a los tres niños: muchos van al infierno porque no hay quien rece y se sacrifique por ellos. Mejor dicho, quien se sacrifique y rece por ellos, porque sacrificarse es antes que rezar y es más importante. He conocido a enfermos incurables e intratables que me decían: «Le doy gracias al Señor por esta enfermedad, se lo ofrezco todo al Señor para salvar almas». Y también: «No renunciaría a mi enfermedad, es mi misión para salvar almas». Gente que estaba inmóvil en la cama... El Señor obtiene beneficios espirituales en todas partes.

Nosotros estamos muy vinculados a la tierra, a las cosas terrenales, y no pensamos que la tierra dura poco, mientras que la eternidad dura siempre. ¡Si viera la cantidad de folletos que doy con los diez mandamientos! En primer lugar, miro qué tratamientos médicos han seguido, los análisis, el historial. Después, les pregunto si rezan, si van a misa, si se confiesan. Tengo una gran cantidad de folletos. Y les digo: «Leed el decálogo y estudiadlo bien». Siempre empiezo por el tercer mandamiento: santificarás las fiestas. Y, como no puedo comentarlos todos, luego paso al sexto: no cometerás actos impuros. No es el pecado más grave, pero es nuestra debilidad. Los pecados más graves son la soberbia y el orgullo. Sin embargo, incumplir el sexto mandamiento es el pecado más común, tanto que san Alfonso de Ligorio decía: «La mayoría va al infierno por este pecado y nunca sin este pecado». Les ocurre a todos los hombres, es nuestra mayor debilidad.

Luego, mientras seguimos hablando, les cuento el episodio del joven que le pregunta a Jesús: «Maestro, ¿qué es lo bueno que debo hacer para conseguir la vida eterna?». Y Jesús le responde: «Cumple los mandamientos». Entonces les digo: «Vamos a estar muy poco en la tierra. Y después no hay una tercera vía, sólo cielo o infierno: ¡no hay escapatoria!».

Brujos y poderes

Volviendo a los brujos, decía usted que el 98 por ciento no son más que charlatanes. ¿Y qué me dice del dos por ciento restante?

Son poseídos, o personas vinculadas al demonio. Cuando uno está vinculado al demonio, ya pertenece a él y no es necesaria la posesión.

El demonio tiene grandes poderes, incluso puede curar. Y da los bienes que ellos piden: éxito, dinero, placeres. Es decir, una vida depravada, con todos los placeres ilícitos, ¡todos! Estos brujos vinculados al poder diabólico también tienen poderes; así es como captan a las personas y las conducen a Satanás.

He liberado a muchas personas que habían caído en las redes de algún brujo. Les robo víctimas y *clientes* a los brujos, les impido llevar a cabo su sucio trabajo, de modo que seguro que me tienen inquina. No quiero ni pensar cuánto resentimiento he podido suscitar en estos brujos, ni cuántos maleficios habrán preparado contra mí. Pero nunca me atacan directamente. Además, si uno vive en gracia de Dios y lleva una vida de oración, es difícil que un maleficio arraigue, muy difícil.

Talismanes en la pared

Una chica de veinticinco años. Sus padres regentan una tienda de comestibles. Tiene una hermana y un hermano. La tienda va de mal en peor: cuando no se rompe la cortadora de fiambres, la balanza no funciona, o la caja se estropea. Por si fuera poco, se están quedando sin clientes, mientras que el supermercado del barrio siempre está lleno de gente. La familia ya ve normal que el frigorífico funcione a ratos, que los artículos cambien de lugar solos. Hace tiempo reformaron la tienda y, llevados por el deseo de que el negocio marchara viento en popa, ocultaron en la pared dos talismanes que les habían proporcionado dos brujos (uno de ellos famoso en la televisión).

La chica sentía presencias opresivas en su dormitorio, oía voces, veía cosas raras... No podía dormir, ni estudiar, estaba muy deprimida. Por la noche, sentía a alguien sobre ella que la oprimía, la ahogaba, la aplastaba. Fue en varias ocasiones a Roma, cerca del Coliseo, a ver al brujo, y éste abusó de ella diez veces. Le cortó el vello del pubis y las axilas, le cortó el cabello. Le hizo una foto y escribió su fecha de nacimiento sobre la imagen. Cada vez que la chica entablaba relación con algún joven, todo terminaba enseguida, porque se sentía atada al brujo. Como puede ver, ise cometieron grandes errores!

Exorcicé la tienda, la casa y, seis o siete veces, a la chica, que caía en trance y hablaba.

Aparecieron varios demonios: Alef, espíritu de la soberbia y la venganza; Namar, espíritu que destruye los afectos e impide formar una familia (los lectores sabrán comprender lo que quiero decir). Al rozar la estola, y al oír las oraciones, la joven sentía dolores, especialmente en las partes más delicadas.

Sigo con los exorcismos, a veces por teléfono, y la situación ha mejorado. La tienda, la casa y el dormitorio ya no están infestados. No se oyen ruidos, las presencias y voces han desaparecido, los aparatos funcionan. No obstante, aún hay presencias maléficas en la chica. Durante los exorcismos, hay respuestas negativas: «Es mía. Le estás haciendo daño, yo sólo le hago bien». Y un gran rechazo a las renuncias. La joven se siente oprimida, aunque menos que antes, pues teme no ser capaz de amar a nadie, acabar destrozada, no poder liberarse y tener que morir. Aún necesitaré mucho tiempo y muchas oraciones para liberarla. Entretanto, creo que este testimonio bastará para prevenir a la gente contra brujos y cartománticos.

Misas negras

Para prevenir a nuestros lectores contra los riesgos de consultar con brujos, quisiera preguntarle si éstos usan algún tipo de estrategia para que los clientes, inconscientemente, caigan en sus maléficas trampas.

Claro que usan estrategias. Una de ellas es atacar en los momentos de debilidad. Por ejemplo, en algunas discotecas (no todas, nunca se puede generalizar) hay un itinerario fijo. Un chico o una chica van allí; empiezan con el tabaco, luego pasan a las drogas, al sexo, a la secta satánica. Es algo infalible; al final, acaban en una secta satánica. Podría poner muchos ejemplos de este tipo. Para un joven, es una gran desgracia tener amigos que se droguen. Y más tarde se descubre que hacen cultos satánicos, misas negras.

La característica principal de las misas negras es que siempre se desprecia la Eucaristía. Además, en la auténtica misa negra una mujer desnuda hace las veces de altar. En teoría, tiene que ser virgen; primero debe violarla el que hace de sacerdote y luego los demás. Después de esto, hacen de todo entre ellos, como si estuvieran en un burdel. En realidad, muchos asisten a la misa negra por *el después*, o sea, por el burdel.

En tales situaciones, ¿existe el peligro real de que se produzca una entrada maléfica?

Por supuesto. Cuando se hacen misas negras, o se ofrece culto a Satanás, existe el peligro de una entrada maléfica, y a menudo ocurre. No es ninguna broma, el diablo toma las cosas muy en serio. Y Dios no tiene por qué impedirlo; nos creó libres. Los curas deberían predicar sobre estos temas, pero no lo hacen. No dicen nada de la existencia del diablo, ni de los peligros que conlleva tomar el camino de las drogas y el tabaco, o consultar con brujos y cartománticos. Según algunas estadísticas, catorce millones de italianos consultan con cartománticos.

Riesgos de la cartomancia

Así pues, no sólo debemos guardarnos de las sectas y los brujos, sino también de los cartománticos.

Sí, porque muchos de ellos tienen conexión con Satanás, han hecho un pacto de amistad con Satanás. No están endemoniados, sólo están conectados con el diablo; adivinan, podríamos decir que *funcionan*, a través de él. La gente se dirige a ellos, obtiene lo que quiere y sigue yendo. Y lo primero que hace Satanás es alejar de Dios a esos clientes. Lo que le interesa a Satanás no es la posesión ni nada parecido; lo que quiere es alejar a la gente de Dios y hacerla caer en el pecado, porque eso significa llevar almas al infierno, impedir que Dios las lleve al cielo. Las personas vinculadas a un cartomántico abandonan la oración; empiezan a alejarse de Dios y toman un camino que las conduce a manos del Maligno.

Quizá la cartomancia sea la forma de superstición más difundida; sin embargo, es difícil hallar casos en los que haya sido tratada directamente. Yo tuve ocasión de hacerlo por una carta que me envió un obispo argentino. Me hablaba de un caso sobre el que le habían pedido que se pronunciara. Teniendo en cuenta lo difundida que está la costumbre de hacerse tirar las cartas, sorprende que los documentos eclesiásticos no aludan casi nunca a la cartomancia.

El caso que el obispo me expuso era el siguiente: en su diócesis, un católico practicante tiraba las cartas para ayudar a los demás, aunque sin ánimo de lucro y sin hacer nada malsano. ¿Era lícita esta práctica? Había enviado una carta con la pregunta, escrita en latín, a la Sagrada Congregación para la Doctrina de la Fe, pero no le habían contestado.

Yo creo que la Congregación no respondió porque nunca había tratado este asunto. Yo le di una respuesta, aunque recalqué que sólo poseía un valor personal, basada en una serie de criterios generales que, en mi opinión, sitúan la cartomancia entre las formas de superstición, concretamente entre las formas de adivinación.

Se desconoce el origen exacto de las cartas. No existían en el mundo árabe, ni en el judío; tal vez las importaran los cíngaros de la India. Se sabe con certeza que, antes de ser utilizadas como juego, ya se empleaban como instrumento de adivinación.

Se utilizaban (y hoy se sigue haciendo) naipes de juego y también cartas especiales, entre las que destaca el tarot. El objetivo es conocer el futuro, saber cosas ocultas, lo cual constituye un peligro. El fundamento, y de ahí la condena moral, reside en la voluntad de conocer el futuro o lo oculto utilizando un medio inadecuado, al que se atribuye un poder para identificar realidades o sucesos, sin tener en cuenta que las cartas no poseen tal poder. Aunque el cartomántico no invoque al demonio explícita ni implícitamente, aunque no utilice extravagancias mágicas (como velas de colores dispuestas de un modo especial, hierbas, platos con agua en los que se echa aceite, etcétera), lo cierto es que le atribuye a un objeto un poder que no tiene, como si pudiera saber cosas que sólo Dios sabe. Todo ello conlleva una grave culpa moral, indicio de rebelión contra Dios, único Señor de la historia, y de abandono de la fe y la oración en favor de una dependencia psicológica de la lectura de las cartas por parte del cartomántico en cuestión.

Destino: suicidio

¿Cuál es el objetivo final de las actividades que realizan brujos, carto-mánticos, sectas satánicas, etcétera?

El objetivo final es la muerte, porque Dios es el dios de la vida, mientras que Satanás es el dios de la muerte. El diablo ha inspirado muchos suicidios, incluso suicidios en grupo.

Yo nunca he tratado a personas que después se hayan suicidado, pero he tenido muchos casos de individuos que habían intentando suicidarse, aunque, por suerte, algo les impidió llevar a cabo su propósito. Cuando alguien empieza a recibir exorcismos, es casi imposible que se suicide.

Un caso típico es el de una chica a quien exorcicé muchas veces. Se curó por completo, retomó su vida cotidiana y ahora tiene un puesto de profesora. Sin embargo, su restablecimiento costó años y años. No recuerdo bien cómo entró Satanás, porque heredé a esta paciente del padre Candido, que la trató durante mucho tiempo, y me la pasó cuando él ya no podía exorcizarla.

Pues bien, esta chica, un día, empezó a pasearse, con un saco de dormir al hombro, por la vía del tren de la línea Roma-Livorno-Génova. En una de las grandes curvas, se metió dentro del saco y se tendió sobre las vías. Quería matarse, quería que un tren le pasara por encima. Durante más de cinco horas, permaneció tendida en las vías. Pasaban trenes en ambos sentidos, pero nunca le pasaban por encima. Es un caso inexplicable, no se puede comprender.

En otra ocasión, aquí, en Roma, la chica anduvo por una calle muy transitada, sin mirar los semáforos ni nada, con el fin de que la atropellaran, y ningún vehículo la rozó. Intentaba suicidarse, pero nunca lo lograba. Y es que, si se empiezan los exorcismos, eso significa que la persona tiene la voluntad de curarse, de liberarse, lo cual desencadena una lucha interior; y el Señor responde a las invocaciones, otorgando las gracias necesarias para que se produzca la liberación.

¿Sabe usted de algún caso que no haya terminado bien?

El padre Candido me contó el único caso que tuvo de una chica que, al final, acabó suicidándose.

La exorcizaba porque estaba poseída por el diablo. Esta chica tenía una madre muy pérfida. Una vez, la madre fue a hablar con el padre Candido y él le explicó los trastornos que padecía su hija. La mujer asentía, pero el padre comprendió que no creía nada de lo que le decía.

Vivían en un sexto piso. Un día, la chica se confió a su madre y le dijo: «Lo único que deseo es suicidarme, ya no puedo más». La madre le respondió: «Bah, no sirves para nada, no serías capaz de hacerlo», tras lo cual se acercó a la ventana y la abrió. Y su hija se tiró.

Es el único caso que conozco de una persona exorcizada que, al final, terminó así.

En estas personas, la tentación del suicidio es muy común, muy fuerte, porque sufren dolores agudos. Sin embargo, según mi experiencia, cuando una persona empieza a recibir exorcismos, es imposible que logre quitarse la vida. Puede que lo intente, pero nunca consigue su objetivo. Hay muchos casos de personas que han ingerido sustancias venenosas, pero siempre las han encontrado a tiempo, las han llevado al hospital y les han hecho un lavado de estómago. Conozco muchos casos de este tipo. Satanás impulsa al suicidio, porque es el dios de la muerte. Por eso san Agustín dice que, si Dios no lo frenase, el diablo nos mataría a todos.

Cómo exorcizar un drama

El marido es médico dentista, la mujer, ama de casa y muy inteligente; tienen dos hijas. En casa de esta familia ocurrían fenómenos extraños: ruido de pasos, presencias no identificables, golpes muy violentos, luces que se encendían y apagaban solas, lo mismo que el televisor y la radio, y objetos que se movían solos. En un punto del dormitorio hacía un frío intenso, como en una nevera.

En determinado momento, la mujer empieza a sentir dolores agudos en el estómago y la cabeza, acompañados de reacciones violentas y de un intenso odio a su marido. Un día, tras comer en un restaurante, vuelve a casa obsesionada con unos supuestos ataques sexuales del camarero, que le ha regalado un frasco de perfume. Todo es motivo de pelea con su marido, y persisten los sentimientos de odio y venganza.

Marido y mujer habían asistido a varias clases y reuniones de Nueva Era (New Age) y estaban a punto de llegar al estadio de espíritus guía; al mismo tiempo, participaban en un grupo de Renovación en el Espíritu. Resultado: la mujer está cada vez más deprimida; intenta matar a su marido y luego suicidarse; sin ningún motivo, pasa del llanto desesperado a la risa insensata.

Cuando vinieron a verme, les sugerí que, para empezar, debían confesarse, comulgar y pedir sincero perdón. Además de romper el contacto con Nueva Era, les aconsejé que interrumpieran temporalmente las sesiones con el grupo de Renovación, ya que los ejercicios de introspección para alcanzar el discernimiento causan inquietud y desmoralizan. Les recomendé que siguieran un camino de fe sencillo y personal, con una relación más directa con el Jesús Eucarístico, y que, entre semana, asistieran a alguna misa con comunión, adoración y bendición eucarística al término de las funciones. En casa, les aconsejé rezar el rosario y el exorcismo de León XIII (en su versión breve y traducida), así como beber agua y óleo exorcizados.

Después exorcicé la casa, eliminando todas las muñecas, figuras y máscaras orientales de sus hijas. También empecé a exorcizar a la mujer. Durante las sesiones, hablaba: «Somos Alef y Alimai. Satanás nos ha entregado a esta mujer. Es nuestra, no te la daremos, aquí estamos bien».

Tras retomar la vida cristiana, tras el perdón y cinco exorcismos, la situación cambió radicalmente. Han cesado los ruidos, las peleas, por la noche duermen. La mujer ya no está obsesionada con el camarero, y su espíritu de venganza casi ha desaparecido.

Creo que, por fin, viven en paz. También están siendo muy efectivos los exorcismos breves por teléfono; confío en que pronto la liberación será total.

La Iglesia debería hablar más

En su opinión, ¿la Iglesia advierte suficientemente a los fieles sobre los peligros que suponen charlatanes, brujos y cartománticos?

Por desgracia, no. Dicen que la página más leída de los periódicos es la de los horóscopos. Y parte de la Iglesia es el verdadero problema, porque muchos curas no creen en esas cosas; además, en los seminarios han dejado de estudiarse tres tratados fundamentales.

En el primer tratado, *De Deo creante*, se estudiaba la creación de Dios, el modo en que Dios creó a los ángeles, el pecado de los ángeles, la división entre ángeles y demonios... Y ya no se estudia.

El segundo tratado era el de moral, y en él se prohibía consultar con brujos y cartománticos, tal como se indica en la Biblia: «A los hechiceros no los dejaréis con vida». A Jesús lo acusaron de estar poseído: «Está poseído por Belcebú, [...] y con su ayuda expulsa a los demonios». Y él respondió: «Si Satanás lucha contra sí mismo y está dividido, no puede subsistir, y pronto llegará su fin». En el tratado se mencionaban y condenaban todas estas prácticas: consultar con brujos, cartománticos y demás. Pues bien, ahora ya no se estudia.

El tercero era un tratado sobre espiritualidad. El texto hablaba de vida espiritual, desde luego, pero también de los ataques del demonio y de exorcismos. Se enseñaba explícitamente este tema. Ahora, en cambio, ya casi no se habla de estos tres tratados, ni siquiera en las Universidades Pontificias.

Los jóvenes salen del seminario, se convierten en sacerdotes sin haber oído hablar nunca del demonio ni de exorcismos, y menos aún del peligro que suponen la brujería y otras ciencias ocultas; tampoco de posesiones diabólicas. Por tanto, no creen en ello, no predican sobre estos temas. Muchos curas, tras asistir a mis exorcismos, me han dicho: «Padre Amorth, yo antes no creía, pero ahora sí creo».

Jesús practicaba exorcismos en plena calle; ahora hay que practicarlos a escondidas.

Medjugorje y Renovación en el Espíritu

Al principio de nuestra conversación, ha hablado usted de Renovación en el Espíritu y de los grupos de oración vinculados a Medjugorje. ¿Por qué le interesan tanto y dedica su tiempo a estas personas?

Me interesan mucho los grupos de Renovación, porque tienen el gran mérito de haber relanzado la lectura de la Biblia y la devoción por el Espíritu Santo; además, rezan plegarias de curación y de liberación. Por eso, cuando me escriben personas desde el extranjero pidiéndome exorcismos, las remito a estos grupos.

Por ejemplo, había un hombre que no paraba de insistirme desde Australia, porque muchas personas creen que con venir aquí, recibir un exorcismo y volver a su país ya están curadas; no se dan cuenta de que se necesitan años. Como le he dicho, yo me doy por satisfecho si alguien se libera en cuatro o cinco años. También hay personas que se liberan en ocho o nueve meses, pero son casos menos frecuentes. En general, se necesitan cuatro o cinco años, y muchos nunca se liberan del todo.

Me siento muy vinculado a estos grupos de Renovación, porque rezan plegarias de curación y de liberación, a veces sin exorcistas ni curas. Rezan en grupo. Aquí, en Roma, hay muchos grupos de este tipo. Por ejemplo, en la iglesia de Sant'Angelo in Pescheria, está el padre Ermete, que no es exorcista, pero da bendiciones muy efectivas, los miércoles y los sábados. Empiezan a rezar a las seis de la tarde, pero el padre Ermete está allí desde las cuatro para bendecir y confesar. Vive en Monte Sacro, donde está la iglesia de los Ángeles Custodios. Por la mañana, bendice y confiesa allí, y los miércoles y los sábados hace plegarias de liberación y de curación. Y la verdad es que funcionan.

Por otra parte, me siento muy vinculado a Medjugorje, porque fui director de la revista mariana de la editorial San Pablo y seguí el caso desde que empezaron las primeras apariciones, en 1981. Escribí el primer artículo sobre Medjugorje en octubre de 1981. Después, he escrito libros y un montón de artículos sobre Medjugorje, además de ir allí muchas veces, porque quería saber si las apariciones eran verdaderas o falsas.

¿Y cree que son verdaderas?

Desde luego. A lo largo de los años, entablé amistad con los seis chicos que las ven, y también escuchaba a la gente. Es el lugar del mundo donde más se confiesa la población y en el que hay más conversiones; más que en Lourdes, más que en Fátima. Es todo un récord, las cifras lo demuestran.

En cuanto a la lucha contra el demonio, hay muchas personas que rezan, a veces con sacerdotes; los que van a Medjugorje también se reúnen en grupos de oración. En 1984, fundé un grupo de Medjugorje aquí, en Roma. El último sábado de cada mes rezamos tres horas, como se reza en Medjugorje. Es un grupo formado por personas que íbamos a Medjugorje.

¿En sus exorcismos menciona a la Virgen de Medjugorje?

No, no la menciono. Suelo invocar a la Inmaculada, la Madre de Dios. También soy muy devoto de la Virgen de Guadalupe, esa Virgen de ahí [señala una imagen de la misma], que convirtió América Latina, una tierra que, de no ser por Ella, no se habría convertido. Primero llegaron los frailes, pero no consiguieron nada de nada. Luego la Virgen se apareció como una muchacha azteca; cuando la vieron así, la sintieron como algo suyo, no como una figura importada desde el otro lado del océano (recordemos que los *nuestros*, los europeos que fueron a América, se comportaron muy mal, como ladrones y asesinos). Y, a través de la Virgen, la población llegó a Dios y se convirtió. Siento especial devoción por la Virgen de Guadalupe, en parte porque, en la antigua lengua de los indios, su nombre significa «La que le aplasta la cabeza a la Serpiente», un nombre muy adecuado para ser protectora de todos aquellos que ejercen mi ministerio.

El caso Milingo

Un hombre que libró una gran batalla contra el diablo fue Emmanuel Milingo...

Sí, es cierto, y yo luché mucho con él. Somos amigos, lo seguimos siendo. Respecto a lo que le ocurrió, es una incógnita que no he sabido despejar. Sólo puedo decirle que, hace unos meses, vino aquí a verme, charlamos un par de horas, recordamos lo que habíamos hecho juntos, las misas, los exorcismos, las oraciones... Y pensé: «No voy a preguntarle nada personal, porque no quiero romper la amistad». Si algún día desea volver, siempre podré ayudarlo mientras sea amigo suyo; por eso no quiero romper la amistad. Con eso me basta, no hablamos de sus cosas.

Hace unos años, su historia suscitó un gran escándalo y, de vez en cuando, vuelve a estar de actualidad. En mi opinión, en su caso hubo influencia del demonio, pues siempre que nos equivocamos o desorientamos el demonio intenta hacernos caer en el pecado, alejarnos de Dios y la Iglesia. Por tanto, indudablemente, hubo cierta influencia del demonio.

Yo siempre rezo por él, para que vuelva. Quería a Juan Pablo II, y su primer regreso se debió a su amor por Juan Pablo II, que lo libró de la cárcel. Por lo que yo sé, ésta es su historia: él era arzobispo y presidente de la Conferencia Episcopal. Un día, lo llamaron para decirle que fuera a Roma a entrevistarse con el Papa. Él llegó aquí con un maletín, pensando que iba a estar en Roma tres días. Fueron a recogerlo, lo llevaron al monte Celio, con los pasionistas, y le dijeron que se quedara allí. Al cabo de tres años, algunas personas empezaron a ir a verlo para que las bendijera. Los pasionistas no decían nada. Bendijo a un desconocido que resultó ser una persona muy influyente en el Vaticano y tenía acceso al Papa. Esta persona fue a ver al Santo Padre para contarle la historia de Milingo. El Papa nombró a Emmanuel ciudadano vaticano y le dio un puesto en la plaza San Calixto. Era lógico que Milingo quisiera a Juan Pablo II. Aunque luego tuvo que soportar que los obispos lo tratasen fatal...

Tenía sus defectos, eso es cierto. Le voy a contar una anécdota tal como me la relataron a mí. Todos los meses iba a Desio, donde sigue celebrándose una gran reunión con un sacerdote negro una vez al mes; allí dedicaba el día entero a la oración. El cardenal Martini, por aquel entonces arzobispo de Milán, le mandó decir que antes de ir a Desio lo avisara, pero Milingo nunca lo hizo. Sus amigos le decían: «No te cuesta nada. Le escribes dos líneas, te las dictamos nosotros... Eminencia, tal día estaré en Desio. Firmas y punto». Pero él jamás quiso hacerlo. Ver que lo trataban así, que le cerraban las puertas de las iglesias...

En varias ocasiones, oficiamos misas en los jardines de Villa Doria Pamphili. Era un obispo sin iglesia y se veía obligado a decir misa al aire libre, con el permiso del alcalde socialista... Y lo peor de todo fue lo que le hicieron en la basílica de San Pablo. Ese día había muchísima gente, habían llegado autocares hasta de Sicilia. Milingo entró por el fondo y cruzó la iglesia entre aplausos, en un ambiente festivo. Al entrar en la sacristía a vestirse, el abad le dijo: «Mire, ha llegado una orden del Vicariato que le prohíbe oficiar». Palideció intensamente, casi temí que fuera a darle algo; y, en efecto, más tarde tuvieron que ingresarlo en el hospital. Miles de personas lo esperaban, pero no tuvieron ningún respeto, ni por él ni por esa gente. Podían haberlo avisado una semana, un día antes, pero se lo dijeron en la sacristía, cuando entró en busca del amito para vestirse.

Habla Emmanuel Milingo

Para completar cuanto he dicho anteriormente sobre Milingo, creo que lo más útil será reproducir este testimonio suyo, publicado en el boletín de la Asociación de Exorcistas.

«[...] En Lusaka, y en otros lugares donde he vivido, he constatado que muchos cristianos no piden ayuda a Jesús, sino a sanadores, lo cual es absurdo. En el Evangelio, es Jesús quien sana todos los males y libera de los malos espíritus. ¿Por qué los cristianos se dirigen a otras personas? Está claro, lo hacen porque, según la mentalidad corriente, el Evangelio contiene hechos históricos, ocurridos en determinado período, y no es una realidad viva.

Cuanto más reflexionaba, más convencido estaba de que, para ser un verdadero cristiano, tenía que creer ciegamente lo que decía el Evangelio. Enseguida me puse manos a la obra e intenté resolver los problemas con la oración, tal como nos enseñó Jesús. Obtuve de inmediato resultados muy positivos, tanto con las enfermedades como con las posesiones diabólicas. Y advertí que solía existir un vínculo entre ambos tipos de sufrimiento. A veces, los médicos se hallan ante enfermedades inexplicables; probablemente son enfermedades provocadas por espíritus del mal y sólo pueden curarse con la oración. En los meses siguientes, siguieron ocurriendo hechos inexplicables, con una frecuencia increíble. Y yo me abandoné por completo a los brazos del Señor.

En mayo y junio de 1973, seguí curando y liberando, pero lo hacía en privado, en mi residencia. El 3 de julio, asistí a una reunión de Acción Católica en la catedral. Decidí que había llegado el momento de salir al descubierto, y dije: "Hermanos, nosotros hemos padecido durante mucho tiempo el *mashawe* (el *mashawe* se manifiesta cuando una persona empieza a comportarse como un animal), y nos hemos visto obligados a buscar sanadores fuera de nuestra religión. Pero yo os digo que podemos curar esta enfermedad en nuestra Iglesia católica. Jesús es el verdadero sanador. Si alguno de vosotros sufre esta enfermedad, que se acerque sin temor; nosotros intentaremos ayudarlo".

[...] Mi primer contacto con los poderes sobrenaturales del mundo de las tinieblas se produjo en 1973. En abril de ese año, tuve una crisis interior. Hacía veinticinco años que era sacerdote, y cuatro que era obispo. Trabajaba para el Señor, pero era muy ignorante en lo que se refería al reino de Satanás. Así, empecé a conocer el mundo de los satanismos, la masa de sufridores abandonados; tuve experiencias terribles y liberé a personas poseídas por almas de difuntos. Recibía fotos de personas con alfileres clavados en los ojos, el corazón y otros órganos vitales. A veces, estas fotos van dentro de botellas, selladas con una especie de pasta en la que va grabada la maldición del odiado enemigo. Luego las tiran a los ríos, o las entierran en una tumba, lo cual significa que la persona está condenada a morir. Se crea un vínculo entre la persona que ha encargado la venganza y el que la ejecuta; este vínculo es muy perjudicial, es el inicio de la conquista de Satanás y no se sabe dónde puede terminar.

[...] Quizá Satanás no perturbe a tantas personas como solemos creer. No obstante, en todas las diócesis tendría que haber expertos capaces de intervenir. Pero hay diócesis que no tienen exorcista desde hace años e incluso hay obispos que prohíben a sus curas interesarse por el exorcismo. En la actualidad, muchos miembros del clero, incluso altos cargos de la Iglesia, evitan hablar del demonio. El demonio se ha convertido en un animal protegido y los exorcistas son considerados criminales. Satanás puede moverse a su antojo entre los cristianos de la Iglesia católica.

[...] Mis convicciones y mi forma de actuar siempre han sido muy claras. Si, desde el principio de mi historia, hubiesen ido en busca de la verdad y no hubieran fantaseado con equívocos, estoy seguro de que yo aún seguiría en Lusaka. Pero pocos creyeron en mi buena fe; ni siquiera la Iglesia me creyó.»

Nunca he sentido miedo

Don Gabriele, volvamos a su vida. ¿Nunca ha sentido miedo?

Siempre he dicho que es el demonio quien me teme a mí; siempre he dicho: cuando me ve, le entra pánico... El demonio nunca me ha atacado, y no me da ningún miedo.

Sin embargo, hay casos distintos; algunos exorcistas han sufrido fuertes perturbaciones. Le aconsejo que lea un libro de Renzo Allegri, *Cronista all'inferno*, en el que aparece un exorcista de aquí, de Roma, a quien el diablo dejó en pésimas condiciones físicas. A veces, el Señor permite estas cosas, siempre para obtener el bien. Seguro que se obtuvo un gran bien con el sufrimiento de este exorcista.

Videntes

¿Qué papel pueden llegar a desempeñar los videntes, los médiums?

Conozco a un carismático, el único que me inspira confianza... Muchos de ellos son falsos carismáticos, pero he mandado a muchas personas a ver a éste. Vive en las Marcas, pero también atiende por teléfono. Cuando lo llamas, al principio de la conversación te pregunta el nombre y la edad; luego te cuenta tu historia. Por ejemplo, te dice: «Cuando tenías seis años, tal persona te hizo un maleficio... Este maleficio se repitió cuando tenías veinte años... Y te afectó mucho...». Todo esto por teléfono, no lo olvide, y aún hay más: «Ponte la mano sobre el riñón derecho, no, un poco más abajo... Presiona ligeramente...». «¡Aaah!», exclama el paciente. «¿Te duele?», pregunta el carismático, y la persona siente un dolor tremendo.

Este hombre posee una sensibilidad, unos poderes excepcionales, auténticos carismas, por eso me inspira confianza. Como lo llaman de toda Italia, es difícil poder hablar con él por teléfono. Un contestador automático informa sobre sus horarios de visita por la mañana y por la tarde.

Por desgracia, nunca nos hemos visto, pero, al haber hablado tantas veces por teléfono, nos consideramos amigos. Y me manda a todas las personas de Roma que le piden ayuda.

¿Este vidente detecta las presencias maléficas?

Siempre. Las personas que me manda siempre tienen algo, a veces algo muy grave. Y sus diagnósticos siempre son correctos. «Te han hecho maleficios de muerte. Te han hecho maleficios muy fuertes. Tú sientes esto y lo otro...» Y lo dice todo sin ver a la persona, y sin que ésta le cuente nada.

Hay muchos videntes. Por ejemplo, aquí, en Roma, hay uno que, según dicen, tiene un don extraordinario. He tenido algún contacto con él, pero luego no lo he vuelto a llamar...

La cuestión de los *videntes*

A la hora de diagnosticar un caso, disponer de unas fuentes de discernimiento fiables supone una gran ayuda para el exorcista, puesto que así no cuenta únicamente con su juicio. No obstante, Satanás utilizará cualquier imprudencia que cometa el exorcista en su contra, o en contra del poseído. Algunos afirman ser capaces de ver el carácter de una persona, o la historia de determinado lugar, con la misma claridad con que ven una pantalla televisiva. Otros afirman que pueden emitir un diagnóstico certero basándose en su presunta facultad para interpretar los movimientos del péndulo, o la disposición del aceite vertido en el agua, etcétera. Y, según una opinión muy generalizada, debemos considerar el valor de esos supuestos dones según los criterios expuestos en el Ritual de 1614. Pero ¿cómo podemos saber si tales dones proceden de Dios, de nuestra naturaleza humana, de los ángeles o los demonios?

Para saber si proceden de Dios, nos pueden ser de gran ayuda casos análogos sobre videntes y apariciones. En el discernimiento de las apariciones, es útil preguntarle al vidente cómo entra en contacto con Jesús o la Virgen antes, durante y después de la aparición. De este modo, comprobamos si el vidente es consciente de la necesidad de adorar mayormente a Jesús. La veneración es la humildad en acto, algo que no puede proceder de Satanás ni de nosotros mismos. Con todo, aunque uno no haya crecido venerando a Jesús, ello no significa que las apariciones o dones provengan necesariamente de Satanás, pues también pueden venir de los ángeles, o de nuestra naturaleza humana.

Los ángeles pueden ayudarnos a detectar la presencia del demonio de muchas formas, pero no creo que los ángeles empleen métodos que los demonios puedan imitar fácilmente con el fin de perjudicarnos. Así pues, estos dones (péndulo, aceite…) sólo pueden proceder del demonio, o de nuestra naturaleza humana. Nuestra naturaleza posee una gran riqueza interior, que es inexplicable. Por ejemplo, es común que, entre gemelos, uno sepa dónde se encuentra el otro, qué está pensando, etcétera. Con frecuencia, las madres intuyen qué les ocurre a sus hijos, sobre todo cuando es algo preocupante. Estas capacidades pueden ser naturales, sólo que, desde el pecado original, los hombres tienden más hacia la parte material de su naturaleza que a la espiritual, y por eso son menos propensos a desarrollar sus capacidades en esta última dirección. Vemos, por ejemplo, que el santo Cura de Ars era muy competente en el ámbito espiritual, pero, claro está, nadie puede atribuirse una santidad como la suya. Lo cierto es que debe evitarse el uso de estas capacidades, al menos a la hora de diagnosticar si un individuo está poseído.

Si un exorcista actúa con imprudencia, probablemente no se limitará a utilizar estos fenómenos extraordinarios, y tal vez otorgue excesiva importancia a sus poderes indagadores. Por ejemplo, al maligno le encantaría que un exorcista les atribuyera determinadas acciones a determinados demonios. De este modo, el exorcista asociaría los nombres de los diablos a unas acciones específicas. Y si luego el exorcista, al intentar expulsar a un diablo, se equivocase de nombre, el diablo siempre podría quedarse y fingir su marcha. Es importante tener en cuenta que entre los ángeles rebeldes no hay democracia, sino una estricta jerarquía. Todos actúan y hablan según la voluntad de su superior; por eso muchos diablos simples dicen sus nombres. Si no, actuarían y hablarían en función de las circunstancias y exigencias de la persona atormentada y su exorcista.

Un don, sí, pero ¿de dónde procede?

La sensibilidad especial de estas personas procede de la naturaleza, de Dios o del demonio. Si procede de la naturaleza, el término correcto es *videntes*; por ejemplo, tal sería el caso de un zahorí que percibe el agua. Es una sensibilidad especial, que tal vez se deba a un sexto sentido, y siempre está relacionada con hechos naturales, por lo cual no ayuda a detectar presencias o influencias maléficas.

Si esta sensibilidad o percepción especial procede de Dios, se trata de carismas, y no podemos hablar de videntes, sino de *carismáticos*. No voy a alargarme con definiciones, y tampoco voy a detenerme en la importante cuestión del discernimiento. Está claro que muchos exorcistas cuentan con la ayuda de carismáticos; tal vez incluso se dejen influenciar demasiado por ellos. Por eso, un exorcista no puede ignorar las reglas fundamentales de discernimiento, indispensables para ayudarlo en toda decisión difícil. En varias ocasiones, he aceptado que ciertas personas, avaladas por informaciones que parecían muy serias y positivas, vinieran a rezar durante mis exorcismos, y luego, procurando emplear buenas maneras, me he visto obligado a prescindir de ellas.

Si la sensibilidad especial procede del demonio y, como ocurre con frecuencia, la persona no es consciente de ello, entonces propongo utilizar el término *ocultistas*, ya que, de un modo u otro, obran desde lo oculto. Cuando la persona no se da cuenta, ello sucede porque realiza actos mágicos inconscientemente, por ignorancia; o bien porque cree tener un espíritu guía que se los sugiere; o porque se inspira en fuentes que considera buenas (voces, sueños, presencias), cuando en realidad poseen orígenes maléficos.

[...] Para nuestro ministerio específico, no nos interesan los videntes. Nos interesan los ocultistas, para prevenir a la gente contra ellos, aunque en muchos casos vienen a vernos personas a quienes los brujos les han diagnosticado con exactitud sus trastornos. Y, sobre todo, nos interesan los carismáticos, por la ayuda que nos pueden prestar, tanto en los diagnósticos como durante los exorcismos, y especialmente en las plegarias de liberación.

Almas de difuntos

En sus exorcismos, ¿se ha encontrado alguna vez con almas de difuntos?

Sí. Una vez planteé esta pregunta en un congreso, y preparé una circular donde los exorcistas que participaron, todos ellos con muchos años de experiencia, escribieron sus respuestas. Pocos contestaron que no; la mayoría dijo que sí. Yo también me he encontrado con almas de condenados; no de simples difuntos, sino de condenados. Y siempre he visto tras ellas a un demonio que las dirigía. Es decir, son esclavas de Satanás, están a la merced del demonio y éste las envía a infestar a las personas.

El demonio daba órdenes y las utilizaba para perturbar a las personas. Yo siempre las descubría al pedirles que me dijeran su nombre. No lo querían decir [su voz se transforma en un gruñido, para imitar al poseído]; a veces, yo les sugería un nombre, y caían en la trampa. Solían ser los más comunes, Satanás, Lucifer, también Asmodeo y muchos más, como Belcebú... Cuando tienen nombres bíblicos, son poderosos; otros tienen pocos poderes, y es fácil expulsarlos rápidamente. Pues bien, los condenados, al final, se veían obligados a decirme: Sí, soy tal o cual. Y cuando yo preguntaba con insistencia: «¿Quién te guía? ¿Quién te da órdenes? ¿Quién te dirige?», al final lograba que me dijeran su nombre, e incluso hablaba con el demonio y lo exorcizaba.

De modo que pueden utilizar almas de condenados...

Según mi experiencia, sí. Y también según otros exorcistas muy conocidos, como el padre Matteo La Grua, un gran exorcista siciliano, ya muy anciano, que vive en Palermo. Tiene noventa y cuatro años; ahora sólo bendice, ya no hace exorcismos. Él también se encontró con almas de condenados. Y también podría relatar la experiencia del padre Antonio, ya fallecido, que era exorcista en Benevento y me contaba historias impresionantes en este sentido.

En cuanto al problema de las presencias, a lo largo de mi modesta experiencia siempre he notado la presencia del espíritu maligno, tanto en los pocos casos de posesión como en los numerosos casos de infestación personal o local. En un solo caso, el espíritu declaró ser un alma condenada y reveló su nombre y apellido, las circunstancias de su muerte y el motivo de su presencia en aquel hombre; pero, tras un exorcismo que parecía resolutivo, no volví a saber nada de él. ¿Cómo interpretar ese caso? El demonio puede disfrazarse de alma condenada, tal como afirma el Ritual. Con respecto a las almas del purgatorio, estoy de acuerdo con lo que suele decirse: son almas santas y no pueden hacer daño.

¿El demonio utiliza almas de condenados?

Por los comentarios de varios exorcistas, se deduce que algunos de ellos se han encontrado con almas atormentadas. Yo mismo, en muchos casos que he tratado, he podido constatar la presencia de almas de muertos. Almas que, a causa de su obsesión demoníaca, habían decidido permanecer en un lugar y atormentar a sus habitantes.

En un caso, me enfrenté a un hombre y dos mujeres que habían muerto en una casa. Durante un tiempo, habían perturbado a la nueva familia que vivía allí. A veces, nuestras interminables oraciones de exorcismo no surten efecto con estas almas. Lo ideal sería adaptar algunas de las oraciones que rezamos a los muertos y, al mismo tiempo, hablarles a estas almas condenadas, expulsarlas y hacerles comprender que la familia perturbada no alberga ningún rencor hacia ellas, que las perdona. Durante la oración, intento conducir a estas almas a la luz de Cristo, donde Dios obrará según su voluntad.

Gracias a los casos de muchos exorcistas y a los numerosos testimonios que nos ofrecen la historia, la antropología y otras religiones, sabemos que, tras la muerte, no todas las almas van de inmediato al cielo, al purgatorio o al infierno. Algunas de ellas quedan *atrapadas*, debido a su estrecho vínculo con lo material, o por el odio y resentimiento que sienten hacia el prójimo, o por haberse entregado al demonio. Ocasionalmente, al encontrarnos con estas almas atormentadas, descubrimos que tenemos delante a un demonio. En estas situaciones es importante ser prudentes, pues existe la posibilidad de liberar el alma, pero también es posible que, durante la lucha, ésta vuelva con el demonio. El diablo es un maestro de la mentira, y siempre intenta engañarnos. Debemos tener presente que si el Señor permite estos sucesos es por una razón específica, y que siempre podremos extraer conocimientos beneficiosos de todo ello.

En los últimos años, la mayor parte de los casos tiene relación con almas poseídas, utilizadas y manipuladas por el demonio con el fin de perturbar o aterrorizar a individuos y familias. El origen de algunos de estos casos es una antigua maldición lanzada contra la familia.

Otra cuestión que se plantea es si son necesarios muchos exorcismos, lo cual depende de la situación. Por ejemplo, si se trata de una persona iniciada en la magia negra para convertirse en sacerdotisa o sacerdote, lo normal es que se precisen muchos exorcismos. Yo he visto a un exorcista muy piadoso y devoto que, pese a rezar y ayunar, tuvo que repetir muchas veces los exorcismos. También he visto algún exorcista que manifestaba su orgullo y cierta ambición. El demonio, cuando ve orgullo y ambición en el exorcista, encuentra exactamente lo que busca: un oponente que no se concentra en su ministerio. Es lo mismo que sucede en el Evangelio, cuando los discípulos le preguntan al Señor por qué ellos no han podido expulsar a los demonios, y Él les responde: «Esta clase de demonios se expulsa sólo con la oración y el ayuno», lo cual significa que sólo deben sentirse instrumentos de la presencia salvadora del Señor.

A pesar de los avances de la tecnología moderna, únicamente somos capaces de distinguir los hechos y situaciones a los que nos enfrentamos gracias a nuestra condición de exorcistas. El demonio no conoce barreras ni límites a la hora de someter a personas o almas. Desde una perspectiva histórica, si comparamos los casos actuales con los casos publicados o considerados como ejemplos típicos de posesiones o vejaciones demoníacas, veremos muchos cambios. Hoy en día, ciertos fenómenos o reacciones se atribuyen a enfermedades mentales. Sin embargo, sólo cuando nosotros, mediante el exorcismo, analizamos y provocamos al individuo, podemos detectar si aquello que se ha etiquetado como enfermedad mental lo es realmente, o si, por el contrario, se trata de un trastorno maléfico. Para detectarlo, nos basamos en signos y fenómenos observables, o en provocaciones silenciosas (por ejemplo, llevamos encima la Eucaristía sin decírselo a nadie); a veces utilizamos agua bendita con sal bendecida, o la misma agua que empleamos en las liturgias pascuales, y observamos cuál de ellas beben y cuál rechazan. Los pacientes siempre reconocen el agua bendita con sal; durante años, he visto cómo me la escupían a la cara cuando había una presencia demoníaca en la persona.

Debemos actuar con sumo cuidado, pues, en este mundo en el que vivimos y trabajamos, el demonio quiere destruir el poder de la Iglesia destruyendo el sacerdocio de Cristo. Por eso tenemos que aprender a colaborar con los médicos, incluso en el ámbito de la salud mental, porque ellos pueden prestarle un notable servicio a la Iglesia. Tenemos que aprender a confiar en sus afirmaciones, y ellos también deben confiar en nosotros. Después de todo, compartimos un mismo objetivo: salvar al individuo como persona.

¿Un alma en la oscuridad?

Nos preguntamos si los únicos causantes del sufrimiento de un alma son los demonios, o si también pueden intervenir almas condenadas. Pese a los engaños y trampas que nos tiende el demonio, creo posible la intervención de los condenados. Sabemos que los demonios tienen su propia jerarquía y, por lo tanto, un diablo puede ordenarle a un condenado que atormente a un alma. Así lo he deducido de todos aquellos casos en que he detectado una fuerza muy inferior a la que suelo encontrar cuando hay demonios.

Existen almas errantes, que aún no tienen asignado un destino definitivo.

Voy a relatar un episodio excepcional, que tengo grabado en casetes. Un día, viene a verme una señora con dolores muy fuertes y muy raros. Empiezo a rezar y ella cae en una especie de trance.

Le digo a la presencia de su interior: «En nombre de Dios, dime quién eres», y responde a mis preguntas sin dificultades. Dice ser un albanés de origen calabrés. Llegó a Calabria el día de Todos los Santos; murió al volante de un coche, en estado de embriaguez, y en el accidente mató a otro. Noto que cuando hablo de diablos e infierno se aterroriza. Le pregunto: «¿Estás en el infierno?», y responde con fuerza: «¡No!». «¿Dónde estás?», insisto. «En la oscuridad», contesta, dejándome perplejo. Le pregunto cómo ha entrado en la mujer, y me cuenta con gran detalle una historia que, más tarde, la señora, al salir del estado de trance, me confirma. Dice que se vio obligado a entrar por culpa del vigilante del cementerio, que utilizó partes de su cadáver para un maleficio.

Le pregunto si desea ver a Dios; me responde con un largo «sí», convencido y sereno. Un día le hablo de María Santísima; no sabía nada, y se apresura a decirme que su madre se llamaba Carmelina. Comienzo a instruirlo; me escucha con interés. Empiezo a pensar que tal vez esté realmente en la oscuridad (¿el Sheol judío?). Al preguntarle si está dispuesto a pedirle perdón a Dios por sus pecados, me dice que sí. Lo confieso de forma muy somera, bajo condición, y lo absuelvo bajo condición.

Después le pregunto cuándo se irá. «Dentro de veinte días», contesta. «¿Y dónde irás?», insisto. «A expiar mis pecados.» ¿Tal vez al purgatorio? Aquella noche, cuando la señora regresa a casa, su presencia interior le dice: «Te he hecho sufrir demasiado; no ha sido culpa mía. Cuando esté en el cielo, rezaré mucho por ti».

El caso plantea múltiples interrogantes. Con todo, debemos recordar que, según la tradición, san Francisco resucitó a una mujer fallecida en pecado mortal, la confesó y, después, ella descansó en paz.

El espíritu guía de Elvis

[...] Luego están los casos de personalidad múltiple, de los que se habló en un Congreso Internacional de Exorcistas. En mi opinión, es un tema que compete sobre todo a los médicos. También debemos hablar del fenómeno de los espíritus guía, que a menudo declaran ser almas de difuntos.

En Turín, hay un hombre que afirma tener el espíritu guía del suicida Elvis Presley... Como mucho, puede ser un espíritu que, tras estar dentro del cantante, entró en este señor, un pranoterapeuta que admiraba a Presley hasta la idolatría.

Otro caso de espíritu guía que resultó ser muy peligroso es el de un artista que se suicidó a los cuarenta años. La familia de una chica lo consideraba un dios, ya que su arte les parecía divino. Dentro de este clima de admiración-idolatría, la chica, un día, descubrió que tenía como espíritu guía el espíritu del artista. Sus padres se sentían muy satisfechos, hasta que la joven empezó a padecer una fuerte tentación de suicidio. Se salvó gracias a la plegaria de liberación. Naturalmente, la familia dejó de idolatrar al artista, y la chica, libre de espíritus guía, ahora vive equilibrada y serena.

En este ámbito, quedan todavía muchos interrogantes sin respuesta. Los teólogos a quienes he consultado dicen que hay pocas definiciones acreditadas y pocos estudios sobre el tema, ya sean bíblicos, patrísticos o teológicos. Por eso, algunos no han querido responderme por escrito, o me han dicho: «Tienes que conformarte con opiniones personales y compararlas con otros puntos de vista. Sólo al final de un largo camino será posible obtener una respuesta decisiva de la autoridad eclesiástica».

Para nosotros, los exorcistas, el problema surgió cuando intentamos intercambiar experiencias para determinar si, en algunos de los exorcizados, en vez de demonios u órdenes de demonios, encontrábamos almas de difuntos (¿condenados? No siempre). Las opiniones fueron discordantes, pues variaban en función de las experiencias de cada exorcista.

A la espera de la Parusía, los difuntos viven un período que yo llamaría *intermedio*, en el cual, por carecer de cuerpo, aún no han alcanzado su destino eterno, aunque ya esté decidido. Y los demonios, pese a que Dios los encerró «en cavernas tenebrosas, reservándolos para el día del juicio» (san Pedro y san Judas), se muestran muy activos. Sabemos algo sobre los beatos y las almas del purgatorio (reciben oraciones e indulgencias, rezan por nosotros), pero nada sabemos de los condenados, quienes también se hallan en el período intermedio. ¿Sería posible utilizarlos? Si las almas del cielo y el purgatorio pueden desempeñar una actividad en el bien, ¿los condenados podrían realizar una actividad en el mal? ¿Alguno de ellos se encuentra en una fase en la que aún puede elegir?

Siempre acaban echándome

Don Gabriele, volvamos a su experiencia más directa. Usted forma parte de una congregación religiosa: ¿cómo valoran su trabajo?

Como le he dicho, el oficio de exorcista es difícil e incomprendido. Me quieren tanto, que éste es el vigésimo tercer lugar en el que hago exorcismos. Siempre acaban echándome, siempre. Más que nada, porque a la gente le molestan los gritos. Aquí, en Roma, me han echado de todos los sitios donde he practicado exorcismos. El de ahora es el vigésimo tercer lugar.

¿Es difícil vivir sabiendo que a sus colegas les inspira desconfianza?

Al final, a uno se le endurece la piel.

Realmente, libra usted una batalla en dos frentes: quienes deberían ayudar hacen todo lo contrario.

Así es. Incluso los obispos que nombran exorcistas suelen hacerlo a regañadientes. No se informan de cómo van las cosas, de cuántos hay y cuántos se necesitarían, ni del número de pacientes; y tampoco reúnen a los exorcistas para analizar la situación. Nada de eso. Se limitan a nombrar a alguien y luego el exorcista ya se las compondrá.

¿Hay muchos casos de poseídos?

¿Cuántos casos de posesión real hay entre miles de exorcismos? ¿Un centenar?

Más, porque he practicado y sigo practicando muchos exorcismos, ya ha visto mi calendario. Ahora he bajado el ritmo, porque me hago viejo, aunque poco; de hecho, aún me paso el día practicando exorcismos, mañana y tarde, incluso en Navidad y en Semana Santa. Siempre, excepto el tiempo que dedico a predicar y a los programas de televisión, actividades que también forman parte de mi trabajo.

Calculando por encima, habré hecho más de setenta mil exorcismos. No me refiero a setenta mil personas, claro está. No puedo calcular cuántas personas, sólo puedo contar las sesiones de exorcismo. Ahora que hago menos, debo practicar unos diecisiete por día. Antes eran más. Las mañanas las reservo para los casos más difíciles y atiendo a unas cinco personas. Evidentemente, quien no tiene cita previa no puede entrar; si no, me volvería loco.

En algunos casos, le he practicado cientos de exorcismos a la misma persona; por eso, como decía, puedo calcular *grosso modo* cuántos exorcismos he llevado a cabo, pero no puedo decir a cuántas personas he atendido. De todos modos, está claro que me he encontrado con más de cien poseídos. Hasta llegar al número cien los fui anotando, pero luego me cansé y dejé de hacerlo.

Además, al suceder al padre Candido heredé a todas las personas que acudían a él, incluidos los poseídos por el demonio. Me encontré con muchos sujetos perturbados a causa del diablo y empecé a atender a mi *clientela*, entre la que había muchos casos de posesión.

Luego están los que nunca se liberaron. Como decía san Alfonso de Ligorio, no siempre se llega a la liberación total, pero siempre se obtiene un gran beneficio. Por ejemplo, una señora que vive aquí cerca llegó a la liberación total, pero tardó muchos años. Primero la exorcizaba un cura ya fallecido, un gran amigo mío. Era párroco y exorcista, y la exorcizó durante muchos años. Después yo seguí exorcizándola varios años más, hasta que se liberó por completo.

No tengo sucesores

¿Tiene usted algún sucesor, don Gabriele?

No.

¿Y por qué? ¿No está preparando a nadie?

Eso depende de los obispos. Una vez se lo dije al cardenal Poletti, el que me nombró a mí. Le dije: aquí, en Roma, un obispo lo tiene muy fácil para nombrar exorcistas, porque hay muchas instituciones religiosas. Además, aquí están todas las casas generales y, lo que es más importante, las casas provinciales. Y es que, a veces, los generales no conocen bien la situación local de su orden, mientras que los provinciales sí la conocen. Por tanto, no costaría nada llamar a alguien. Por ejemplo, en Roma hay muchísimos jesuitas: tienen la iglesia de Jesús, la iglesia de San Ignacio, en la del Espíritu Santo tienen la curia general, y tienen varias casas. No costaría nada llamar al provincial de los jesuitas y decirle: «Asígnele a una persona esta actividad pastoral». Antes no había ninguno, pero ahora en la iglesia de Jesús hay uno. El año pasado nombré a dos, pero creo que uno se ha retirado. No costaría nada llamar al provincial de una de estas órdenes mayores para pedirle: «Envíenos a alguien».

¿Usted no forma a otros curas, no crea escuela?

No. Para mí, formar significa practicar exorcismos y que los curas vengan a ayudarme.

Varios sacerdotes, tras asistir con regularidad a mis sesiones, se han convertido en exorcistas de sus diócesis. Y cuando dicen: «Yo soy alumno del padre Amorth», yo les respondo: «¡Anda ya!». Eso sí, yo soy alumno del padre Candido.

Hablando de escuelas, lo cierto es que en muchas ciudades también hay escuelas satánicas, aunque siempre están muy escondidas. En ellas lo más importante es que uno asista, entre en el grupo, participe en el culto a Satanás y las misas negras. Así es como se adquiere experiencia. Hay escuelas de satanismo o brujería. Y, al menos antes, hasta daban unos diplomas, y encima cobraban por ellos.

En una de sus publicaciones, usted escribió: «La presencia de una sola persona equivocada puede anular el efecto de un exorcismo». ¿Por qué?

Porque basta una sola persona vinculada a Satanás para anular el efecto del exorcismo, o para contagiar al resto de los presentes. Y en todos los grandes grupos hay alguna persona de este tipo. Por ejemplo, suele ocurrir durante las jornadas de oración; no voy a menudo, pero voy.

En julio suelo ir al estadio de Avellino o al de Salerno. Siempre lo organiza la misma persona, Michele Vassallo, un gran carismático, miembro de una congregación bastante nueva, en fase de expansión. Él organiza estas jornadas de oración, organiza muchas. Tiene grupos en toda Italia y, una vez al año, organiza un encuentro nacional en Avellino o en Salerno. Era más bonito el estadio de Avellino, por ser más pequeño y porque se ve el santuario de Montevergine, pero, como hubo problemas de seguridad, el año pasado fuimos a Salerno, y este año haremos lo mismo. Suelen reunirse entre siete y ocho mil personas. Pues bien, incluso cuando hay una multitud de este calibre, una sola persona puede perjudicar a las demás e impedir que el exorcismo surta efecto.

En estos encuentros masificados suele haber varios brujos y otras personas que asisten con el fin de perjudicar. Se colocan junto a una persona y transmiten energía negativa, con lo cual esa persona empieza a sentirse mal y sigue sintiéndose mal. Tras consultar en vano con los médicos, se dirige al exorcista y entonces se descubre que ha sido víctima de una influencia maléfica. Normalmente, estos casos no llegan a la posesión, pero sí a la influencia maléfica.

Maleficios de muerte

Usted habla con frecuencia de maleficios. ¿Existen maleficios de muerte?

Sí, existe el maleficio de muerte, y me he encontrado con varios. En mi opinión, no es seguro que surtan efecto, pero, desde luego, hay personas que intentan lanzar maleficios de muerte. El carismático de las Marcas del que he hablado antes suele utilizar este término. «Te han lanzado un maleficio de muerte», dice, aunque en verdad se refiere a un maleficio muy grave. Un maleficio no tiene por qué ser mortal; la vida está en manos de Dios.

¿Cuánto puede costar un maleficio de muerte? Es algo increíble. Hace años, viene a verme un matrimonio. La mujer alude a unos trastornos; lleva casada año y medio y en todo este tiempo no ha tenido la menstruación. De vez en cuando se desmaya; es alérgica a los platos condimentados con aceite o grasas, que le provocan disentería. Empiezo con la oración genérica y me doy cuenta de que algo va mal. Dejo esa oración, paso a la plegaria de curación y el efecto es inmediato. En su segunda visita, la mujer me dice que puede comer platos condimentados sin problemas.

Le aconsejo que revise las almohadas. En una de ellas encuentra una medalla y su marido la destruye siguiendo los métodos habituales. Después de destruirla, al volver a casa, se encuentra lo siguiente: su mujer está muy mal y vomita una medalla igual que la destruida, que tiene grabada la imagen de una custodia.

La noche del 10 al 11 de febrero (aniversario de la aparición de Lourdes) me llaman a la una: la joven esposa está en coma.

Acudo a su lado, rezo por ella y despierta, pero vuelve a entrar en coma poco después. Rezo y sale del estado de coma, pero está completamente paralizada. Rezo de nuevo imponiendo las manos en distintas partes de su cuerpo; tras dos horas y media de oración se levanta y anda. Desde ese momento las parálisis, especialmente en las extremidades inferiores, se repiten con cierta frecuencia. A veces, si su marido le da un masaje con óleo exorcizado y reza unas oraciones que le he sugerido yo, las piernas de la mujer vuelven a moverse. Otras veces es necesaria mi intervención.

Veía a esta joven pareja todas las semanas. Con el tiempo, las cosas empeoran: litros y litros de disentería, de varios colores, como si el cuerpo fuera un contenedor donde no cabe todo aquel líquido. La casa está infestada y la situación va de mal en peor. Veo la necesidad de practicar exorcismos, pero tengo problemas: mis compañeros no quieren que ejerza tal ministerio, para el que, sin embargo, sí tenía autorización en la diócesis donde estuve anteriormente. El obispo parece tener las manos atadas, aunque, al final, tras la insistencia de los padres de la joven, que no deja de sufrir desmayos, me da su autorización sólo para este caso. Al iniciar los exorcismos, los trastornos aumentan. La mujer ya no retiene la comida y vomita continuamente. Estoy seguro de que no se trata de posesión, pero, en vista de la gravedad de su estado, prosigo con los exorcismos. Ahora la joven vomita cosas muy raras: cristales, clavos, gasas, hebillas de metal, pequeños objetos en forma de animal…

En quince días entra en coma tres veces. La primera vez, después de rezar, le levanto los párpados y no veo más que el blanco de los ojos. Cuando por fin baja las pupilas, le muestro el crucifijo recitando: *Fugite partes adversae…*, y sale del coma. La segunda vez, tras la oración, invoco al padre Pío, le pongo sobre la cabeza una reliquia y sale del coma. La tercera vez, en vista de la ineficacia del exorcismo recitado, digo una frase soez que a veces surte efecto: «San Francisco se caga en tu boca» (frase inspirada en un episodio de las *Florecillas*). La mujer forcejea y vuelve en sí. La joven pareja no puede aguantar más de dos horas en casa, y siempre con el estómago vacío. Para ocultarles la situación a sus familiares, pasan muchas noches dentro del coche e inventan excusas para justificar el visible deterioro de la mujer.

En noviembre del año siguiente se instalan en casa de los padres de ella, aunque procuran ocultarles en todo lo posible la situación. Reaparecen los vómitos continuos. La joven se ve obligada a comer sin parar; primero devuelve comida y luego cosas raras. Gastan más de cien mil liras al día en comida. Con el vómito empiezan a salir trozos de papel que encajan como un rompecabezas. Primero aparece una figura femenina, tamaño postal, con el nombre de la mujer y la fecha de su boda. Después imágenes sagradas y oraciones; dos iconos, un crucifijo del siglo XVIII, un rostro de Cristo. Eran imágenes que el párroco dejaba en las casas cuando iba a bendecirlas. En el reverso de los iconos está grabada la plegaria de bendición. Vemos que el papel está cubierto por una capa fina; la retiramos y aparece una lista de lo que el brujo le ha hecho a la mujer: un maleficio de muerte, con todos los fenómenos programados por días, y una fecha límite. La joven debe morir a causa de una hemorragia antes de las doce de la noche del 17 de marzo. Durante un exorcismo, otra persona poseída, que no sabía nada del caso, me puso en guardia mientras estaba en trance: «Tenéis que huir de Piamonte», y me advirtió que la mujer iba a morir de una hemorragia.

La víspera del día establecido para el fallecimiento, la pareja y los padres de ella decidieron irse a Liguria. Los acompañé, tras implicar en la oración a varios monasterios de clausura. El día 17 la mujer no deja de vomitar comida y trozos de papel escritos a bolígrafo; a las 23.55 nos dicen que, si se desmaya, debemos extraerle de la vagina un objeto punzante. Efectivamente, le extraemos un cable retorcido de quince centímetros de longitud. A diferencia de cuanto había programado el brujo, no sobreviene la muerte, sino que se producirá la liberación. Pero, de momento, el calvario aún no ha terminado. La liberación va a tardar, porque la persona que encargó el maleficio le ha entregado otra suma considerable al brujo.

En otras imágenes sagradas, vomitadas una a una, aparece la persona que ha provocado el maleficio: un enamorado que había sido rechazado. Éste le había pagado más dinero al brujo para que lanzase un nuevo maleficio, pero el matrimonio consiguió eludirlo al abandonar la casa de sus padres, donde aún debían permanecer un año, para trasladarse a otro lugar. Hoy podemos decir que la mujer está casi restablecida; sólo debe tomar algunas precauciones.

Nos enteramos de que la persona que encargó esos dos maleficios pagó por ellos 3.800 millones de liras (¡casi dos millones de euros!). La mujer, aunque comía mucho, al haber vomitado tanto adelgazó casi treinta kilos, y sentía unos dolores terribles. Se recuperó bebiendo agua exorcizada. Es increíble que no muriera durante aquellos meses en los que no podía alimentarse.

Tengo fotocopiada la planificación del enamorado rechazado, con su firma y la firma de su padre, que fue quien le pagó al brujo. Y también tengo la planificación del brujo, firmada por él. Puede que el enamorado haya muerto, ya que se comprometió a morir junto a su amada. Estamos haciendo averiguaciones, pero no es fácil. También guardo los objetos vomitados. Con todo esto se podría escribir un libro.

Vomitar cristales y clavos

¿Guarda usted objetos utilizados para hacer maleficios y objetos que se han materializado durante los exorcismos?

En mi habitación tengo más de dos kilos. Clavos, algunos así de largos [con un gesto, indica unos diez centímetros], muñecos de plástico, muchos trozos de hierro y objetos de todo tipo. Estos objetos se materializan en cuanto salen por la boca, tal como he podido ver y tocar. Eso significa que, si unos momentos antes de la materialización le hicieran una radiografía al paciente, no se vería nada. Y he visto cosas de un tamaño... ya le digo, ¡clavos así de grandes! Además, si uno quiere ser exorcista debe estar dispuesto a que le escupan continuamente.

Voy a contar un caso que resulta especialmente significativo en lo tocante a esta cuestión.

Me exponen la situación de un hombre de ochenta y cinco años, muy sano, según confirman los médicos, que fuma tranquilamente sus cuarenta cigarrillos al día. Se había casado y tenía un hijo. La mujer, yendo en bicicleta, chocó contra una tapia, tuvo una mala caída y murió. Su madre, es decir, la suegra del hombre, quería que éste se casara con su otra hija, una chica que anteriormente se había quedado embarazada de otro hombre. La madre la obligó a abortar y a tirar el feto por la alcantarilla. El hombre se opuso al proyecto de este segundo matrimonio. Para vengarse, su suegra, amante de las supersticiones y el ocultismo, encargó un hechizo de muerte contra su yerno. Encontraron un muñeco de trapo clavado en un trozo de madera, con el estómago lleno de fragmentos de vidrio de botella.

El hombre decide abandonar el pueblo de su difunta esposa para regresar al suyo. Y entonces empieza a sentirse mal: vomita y expulsa por el ano clavos y cristales, que también le salen del pantalón sin saber cómo; a veces, cuando se pone en pie, ve muchos alfileres clavados en el sofá. Esto continúa durante años. Se cae al suelo, le salen cristales y clavos hasta de veinticinco centímetros de largo, gruesos como un pulgar. Los médicos no le encuentran nada, aunque ha vomitado cristales delante de ellos. En las radiografías tampoco sale nada. A veces repta por el suelo como una serpiente, o se cae como si lo sostuvieran, sin hacerse daño. El padre Candido lo exorcizó en dos ocasiones. Recibe exorcismos presenciales y a distancia, y tiene reacciones fuertes, blasfema y se debate. No suele ponerse violento, pero siente el intestino, las piernas y otras partes del cuerpo como clavadas; siente que los cristales lo cortan y hace esfuerzos para regurgitar y vomitarlos. Nunca se ha hecho daño con los cristales; en cambio, su hijo y yo nos cortamos levemente al cogerlos con la mano.

Ahora las cosas van mejorando. Por fin pudo comulgar y, desde entonces, no ha vomitado objetos ni se ha caído al suelo, pero aún no puede entrar en la iglesia, porque al llegar a la puerta siente una enorme fuerza que lo detiene.

Como vive en un pueblo alejado, lo que más recibe son exorcismos a distancia. En su casa se oían ruidos extraños y los objetos se movían solos. Durante un año, una persona que vivía con él no pudo salir de casa, pues cada vez que lo intentaba se quedaba paralizada. Exorcicé la casa y todas estas perturbaciones cesaron.

Tenía una viña grande. Un día vio una cepa cortada a la perfección. Pensó que alguien lo habría hecho para contrariarlo y, durante quince días y quince noches, sus familiares y él montaron guardia. Pese a todo, seguían apareciendo cepas cortadas; en dos semanas la viña quedó destrozada.

Compró una cabra de leche; en cuanto llegó a su casa pasó quince días sin comer ni beber. Tras una bendición (es decir, un exorcismo adaptado, poniendo óleo y agua exorcizados en la boca del animal), la cabra, que ya estaba a punto de morir, volvió a comer. En mi opinión, el origen de todos estos fenómenos es la negatividad que el hombre sigue albergando en su interior.

Un traje maldito

En mi opinión, el siguiente testimonio de una persona que consiguió una liberación total resulta muy esclarecedor.

«Enfermé hace muchos años. Tengo varios síntomas incomprensibles, que la ciencia médica no ha sabido diagnosticar. Sólo un exorcista ha podido liberarme de estos extraños dolores. La primera vez que los sentí fue justo después de ponerme un traje. La señora que me lo dio me instó a probármelo enseguida. Poco después, ya con el traje puesto, comencé a sentir una gran ansiedad. Mi voluntad estaba como paralizada, era incapaz de reaccionar o de hablar, y tenía otras sensaciones físicas tan raras como dolorosas. Todo mi cuerpo, hasta la cintura, se cubrió de enormes ampollas que me producían una quemazón insoportable; además se movían si cesar, pasaban del rostro a la cintura cruzando los brazos y el torso. Estaba totalmente cubierto de ampollas y el fenómeno duraba muchas horas. Los exorcismos me liberaron de esto, aunque me quedaron las marcas; tenía el rostro desfigurado, tan hinchado que no podía abrir los ojos para mirarme al espejo. Después de los exorcismos recuperaba la paz y mi forma habitual. Sufría otros trastornos, como ataques de pánico inexplicables, parálisis o disentería repentinas, que los médicos no comprendían. Afortunadamente, me curé por completo gracias a los exorcismos.»

Gajes del oficio

¿Cuáles son las reacciones más comunes de sus pacientes? Durante el exorcismo, ¿cómo manifiestan su rechazo a las plegarias de liberación?

Muchos de ellos escupen; intentan hallar el momento justo para darte de lleno. El exorcista con experiencia siempre se protege, porque sabe que escupen, y suele colocarse un pañuelo de papel en la cara.

Recuerdo a un paciente que siempre escupía; una vez vi con antelación en qué momento iba a hacerlo, le puse la mano delante de la boca y se materializaron tres clavos. Aún los tengo guardados; los tengo en mi habitación, en el tercer piso. A veces he llevado estos objetos a la televisión, porque en la tele hay que mostrar las cosas.

No se sabe cuál es el origen de estos fenómenos. Hay muchas formas de preparar maleficios; las más comunes son meter algo dentro de una taza de café, de un bombón... Siempre digo: tengan cuidado, si hay alguien de quien no se fían, de quien esperan algo malo, tengan cuidado. Por ejemplo, una persona puede ir a ver a su tía, que ha hecho un pastel. La mujer le dice: «Éste es para ti», y le ofrece un trozo ya cortado, en cuyo interior puede haber un maleficio.

Parece un ejemplo banal, pero ha ocurrido muchísimas veces. Un trozo de tarta, un pastelillo preparado aparte, una bebida. «¿No bebes?», le preguntan a alguien. «No, no tengo sed.» «Anda, prueba esto», insisten, y hay un maleficio dentro.

Maleficios que suelen estar hechos con sangre menstrual, porque están relacionados con la vida. Otras veces matan animales, sobre todo pollos, gatos y perros, y utilizan su sangre; la mezclan con tierra del cementerio, forman una masa irreconocible y son capaces de inyectarla en un bombón: «Toma un bombón», «Aquí tienes tu café»... Meten dentro unas gotas de ese mejunje y el maleficio surte efecto.

Les he dicho a muchas personas que no vayan a comer a casa de su suegra, que no la inviten a su casa y le cierren la puerta en las narices. En definitiva, que no se relacionen con ella. A veces debe hacerse otro tanto con los padres. También he visto lo contrario, es decir, padres con hijos consagrados a Satanás, que se han convertido en personas negativas. Les digo: «Echadlos de casa, no los dejéis entrar. No los llaméis y, si os llaman, colgad el teléfono al oír su voz. No les escribáis...».

Una suegra ocultista

Siguiendo con los maleficios causados por familiares, incluyo aquí el testimonio de una víctima.

«Me casé hace dos años. Por desgracia, la familia de mi mujer nunca ha aceptado mi matrimonio, especialmente mi suegra, que ni siquiera vino a la boda de su hija. Escribo todo esto porque estamos viviendo algo indescriptible desde hace cuatro años, contando también los dos de noviazgo.

La hostilidad de mi suegra se debe a que ella había planeado la boda de su hija con un ex novio; pero la chica no quiso saber nada de él, pues era un hombre violento y posesivo, que dominaba a su novia (es decir, mi mujer) con continuas amenazas. Al fin, la joven se rebeló y rompió con él.

Debo añadir que mis suegros se habían hecho muy amigos de los padres del ex novio. Mi suegra y la madre de él compartían la pasión por el ocultismo, en especial por la cartomancia. A través de varios conocidos, descubrimos que mi suegra había gastado millones de liras consultando con cartománticos para lograr que nos divorciáramos. Y no voy a decir lo que esta mujer intentó hacerle a su propia hija, porque resultaría increíble.

Antes de casarnos teníamos una escuela de orfebrería. Mi suegra le dijo a su hija que en esta escuela ocurriría algo malo. Parece cuento, pero no lo es: tuve una serie de problemas inexplicables y, al cabo de pocos meses, me vi obligado a cerrar la escuela. De repente me encontré sin trabajo e intentaba salir adelante como podía. Nos casamos gracias a la ayuda de un tío de mi mujer, un hermano de su madre.

Mi suegra sólo llamaba para decir que nuestro matrimonio

no iba a durar, porque yo no sería capaz de hacer nada en la vida. Desde entonces todo lo que empiezo acaba torciéndose al poco tiempo. Y pensar que mis suegros tienen un negocio que funciona y le dan trabajo al ex novio de mi mujer, pero no se lo dan a su hija... Una vez, tras hablar de nuestros problemas con un sacerdote, éste nos aconsejó que bendijéramos la casa, porque de noche nuestra cama baila. Llamamos a un cura para la bendición, pero no quiso entrar; se quedó en la puerta hablando de Jesucristo, mientras me envolvía el olor a incienso. Al fin hizo una bendición apresurada y se marchó enseguida.

No puedo contar todo lo ocurrido en una carta, porque sería demasiado larga. Además, si lo contara me tomarían por loco. Mi suegra sólo espera que nos separemos. Estamos cansados, física y mentalmente. Lamentablemente, la idea de divorciarnos nos ronda por la cabeza, porque esto no es vida, sino una mala forma de sobrevivir.»

Hemos elegido este caso porque no es nada raro que ocurran episodios semejantes. De momento, tras un año de exorcismos, no hemos obtenido ningún resultado positivo. Pero seguimos en ello, con la certeza de que Dios jamás abandona a los hijos que recurren a Él.

El caso más difícil

¿Cuál es el caso más difícil que tiene usted entre manos?

Tengo tres casos muy difíciles; el viernes pasado cometí el error de recibirlos a los tres el mismo día, entre los cinco pacientes de la mañana. Estaba con un grupo de personas robustas. Uno de ellos no es exorcista, pero tiene poderes especiales y cuando bendice expulsa demonios. Es un sacerdote pasionista, que me ayuda mucho. Además él también es robusto y me ayuda a sujetar a los pacientes.

El caso más grave es el de una mujer, que, ahora, después de muchos exorcismos, está mejor. Es una enfermera muy competente. Tras años y años de exorcismos, obtuvo su diploma de enfermera y hace muy bien su trabajo en el hospital. Allí nadie ha notado jamás nada raro. En cambio, en su casa es un desastre. Chilla, golpea, rompe platos y cuadros. Una posesión terrible; cada vez que viene a una sesión de exorcismo es un auténtico desastre. Y todo a causa de un maleficio.

Estos tres casos son de posesiones muy fuertes. Cuando los exorcizo, hay que atarlos y sujetarlos con firmeza. También tengo una mujer de unos treinta años que no hace nada, víctima de una posesión tremenda; en su casa están desesperados, porque tiene una fuerza hercúlea. Es alta y recia, y rompe, blasfema, chilla sin cesar. Sin duda, el diablo está presente; incluso sabemos los nombres de los demonios que tiene dentro. El jefe es Satanás, y Satanás siempre tiene que ver con las posesiones, aunque se sirva de otros.

Una vez, mientras exorcizaba a un hombre poseído, le dije al demonio: «¿Por qué no te vas?», y me contestó: «Porque Satanás me castigaría». Sí, porque entre los demonios existe una jerarquía, lo mismo que entre los ángeles. San Miguel es el príncipe de los ángeles y Satanás, el de los demonios. Es una jerarquía basada en el odio. Se odian entre ellos, se temen unos a otros, porque el más fuerte puede dañar a los más débiles.

El tercer caso difícil es el de otra mujer, otra posesión, sin lugar a dudas. A menudo estas personas ya entran aquí furiosas. Más de una vez he visto que se ponen furiosas aquí dentro, o cuando están tendidas en la camilla. Mientras las atamos, forcejean. Y más de una vez me he encontrado con otros casos diferentes.

En definitiva, no se puede practicar un exorcismo en contra de la voluntad del paciente. Por ejemplo, en ocasiones las personas han expresado su voluntad de venir el día antes y, al día siguiente, sus parientes las traen a la fuerza, en pleno ataque. A muchos los llevan en brazos y ya entran furiosos. En algunos casos ni siquiera han podido sacar a la persona del coche. Entonces yo me monto en el coche y hago el exorcismo allí dentro. En ese momento, el paciente no nota ninguna mejoría, pero al menos se calma, porque el exorcismo dura hasta que uno recupera sus facultades.

A la más terrible de todas, el caso más difícil, la exorcizo durante media hora; después la llevamos a la habitación contigua, donde hay un sofá. La tienden en el sofá mientras ella sigue en trance, y seguimos, a veces toda la noche: plegarias, bendiciones, agua bendita, aceite exorcizado… Seguimos hasta que sale del trance. Son horas terribles: gritos y, sobre todo, blasfemias. Dice de todo y amenaza: «¡Te aseguro que me las pagarás! ¡Ya verás lo que te pasa!», y cosas por el estilo.

Los jóvenes sacerdotes están interesados, pero los obispos...

Volviendo al problema de la sucesión, es decir, a la necesidad de encontrar nuevos exorcistas, quisiera preguntarle, don Gabriele, si hay sacerdotes jóvenes interesados en dicho ministerio.

Muchas veces hay jóvenes sacerdotes dispuestos a ello, pero el obispo se lo prohíbe. También hay algunos ejemplos negativos... Me refiero a que, a veces, un obispo retira la facultad de exorcizar a exorcistas con mucha experiencia, y se la da a cuatro novatos que acaban de empezar. Es algo completamente absurdo, pero ocurre, aunque, en el Nuevo Ritual, entre los requisitos que se piden o sugieren a un cura para ser exorcista está la experiencia. Por tanto, el obispo les hubiese tenido que decir a esos cuatro: «Aprended de vuestros compañeros más expertos».

Yo recibí una enorme gracia, nunca me cansaré de repetirlo. ¿Ve ese cuadro de allí? Es el padre Candido Amantini, exorcista en el santuario de la Escalera Santa durante treinta y seis años. El cardenal Poletti me nombró ayudante del padre Candido, y así recibí la gracia de hacer prácticas con un gran maestro. Era un hombre santo y tenía carismas muy especiales: podía hacer diagnósticos a partir de una fotografía, siempre que se vieran bien los ojos.

Muchos curas vienen a verme; a algunos se les da muy bien y hay uno especialmente bueno, pero no le han concedido la facultad de exorcizar. Para dar la facultad, hay que reunir a los obispos de la diócesis y exponerles todos los casos. Uno de los obispos le tiene ojeriza a este sacerdote y se opuso. Lamentablemente, basta con que uno de los auxiliares diga que no para detener el proceso.

Y este cura sería un gran exorcista, porque es muy bueno. A pesar de todo, siempre viene a ayudarme. Aquí no me dan permiso para tratar casos graves, aunque yo los trato de todas formas, excepto si son muy gritones (y aun así hago alguna excepción). Dos veces a la semana, los martes y los viernes, voy a la iglesia de la Inmaculada; siempre me ayudan de ocho a diez personas con su oración y sus manos; además, tengo una camilla... Y está el sacerdote de quien le hablaba; es joven, unos treinta y cuatro años. Esos días siempre viene el caso más difícil que tenemos: una persona furibunda. El sacerdote le pidió al obispo de la diócesis a la que pertenece esta mujer que le diera permiso para exorcizarla, y se lo dio. Muchas veces los obispos conceden la facultad sólo para un caso específico. De modo que ahora la exorciza. Esta mujer es increíble, chilla mucho, tiene una fuerza tremenda; debemos atarla y sujetarla. Hay muchos demonios en su interior. Lo normal es que haya más de uno, y en personas muy fuertes suelen ser más numerosos. Algunos casi siempre están presentes: Satanás, Lucifer, Asmodeo (¡terrible!), Lilith, Belcebú...

Efectividad de las vejaciones
y posesiones

¿Todos estos demonios persiguen el mismo objetivo, actúan del mismo modo?

Digamos que cada demonio tiene su misión diabólica, aunque todos hacen sufrir al alma de la persona afectada. En este sentido, es importante recordar que existen diferencias entre las dos acciones principales de Satanás, que conducen a la posesión o a la vejación. Hay posesión cuando el demonio está presente; vejación, cuando aparecen trastornos causados por el demonio. El número de posesiones es relativamente reducido, mientras que las vejaciones son muy comunes, y más del 90 por ciento tiene su origen en maleficios.

Un caso muy común: tras seis o siete años de noviazgo con una chica, un joven se da cuenta de que ella no es su tipo y la deja. Entonces la madre de la chica va a ver a un brujo y encarga un maleficio contra ese joven, para que no pueda casarse ni encuentre trabajo. Y funciona; durante muchos años, el joven no puede casarse ni encuentra trabajo.

Otro caso que demuestra la eficacia de una acción maligna es el de una joven de unos treinta y cinco años. Trabaja, y en el trabajo no le ocurre nunca nada, se comporta bien y está alegre. Sin embargo, cuando viene a verme no puedo mirarla a los ojos; me esquiva, los aparta. Se trata de un maleficio muy sólido, terrible. Los maleficios pueden provocar infestaciones diabólicas y, a veces, posesiones. A esta chica la exorcizo en la iglesia de la Inmaculada (por desgracia, sólo una vez al mes), ya que reacciona a las oraciones de exorcismo con suma violencia.

Tengo demasiados casos, ya no puedo aceptar ninguno más. Necesitarían, como mínimo, un exorcismo a la semana y me veo obligado a tratarlos una vez al mes… [Muestra el calendario lleno de citas y nombres de pacientes que esperan ser recibidos.]

A veces los demonios
provocan desastres

A través de los maleficios, ¿los demonios pueden provocar desastres?

Sí, pueden provocar desastres. Cuando hay influencias demonía-cas en las casas, las liberamos con exorcismos. Ruidos, puertas que se abren y se cierran, luces y televisores que se encienden y se apagan. Electrodomésticos que no funcionan; llaman al técni-co y entonces funcionan perfectamente; en cuanto se va, dejan de funcionar. El objetivo de estos fenómenos es importunar, pero la liberación es posible.

Por el contrario, en casos más graves, a veces hay que decir: hijos míos, cambiad de casa, porque no hay liberación posible. Así ocurre, por ejemplo, en una casa donde se han hecho muchas sesiones de espiritismo, ceremonias satánicas o misas negras. O en una casa en la que antes vivía una bruja o un brujo; me refie-ro a brujos de verdad, porque en el 98 por ciento de los casos, o incluso en el 99 por ciento, sólo son payasos y charlatanes. En cambio, los que viven entregados a Satanás, los que están conec-tados a Satanás, tienen poderes tremendos, y una casa en la que viva uno de estos brujos tal vez no pueda ser liberada mediante exorcismos.

Tengo muchos casos de personas arruinadas por culpa de maleficios que han paralizado por completo sus actividades. Un tendero que posee un establecimiento concurrido, con una clien-tela fija, muy conocido... De repente, ya no entra nadie en su tienda. La bendecimos, practicamos exorcismos y nada, sigue sin entrar nadie.

¿Cómo defenderse de todo esto? Ya he dicho que, cuando

uno vive en gracia de Dios, es más difícil que los maleficios u otros trastornos demoníacos funcionen. Con todo, éstos pueden afectar a personas muy buenas, de Iglesia. El demonio ha atormentado a varios santos. Y nosotros, los exorcistas, siempre estamos en el punto de mira. Nos dejamos ver, predicamos, escribimos. Ya hace diecisiete años que hablo en Radio Maria, una vez al mes, el segundo miércoles de cada mes, durante hora y media. Y, naturalmente, han intentado lanzarme maleficios, pero el manto de la Virgen me protege.

Reliquias, santos, papas

Don Gabriele, usted dice que, en los exorcismos, lo más importante es la fe, pero ¿también pueden resultar efectivos símbolos u objetos vinculados a situaciones concretas?

A veces, sí. Hay reliquias que pueden ser efectivas, como la famosa cadena de san Vicinio de Sarsina, pero no funcionan siempre. Le pongo un ejemplo. El exorcista más anciano de todos, el padre Cipriano De Meo (lleva unos cincuenta y siete años practicando exorcismos), que vive en San Severo di Foggia, cerca de San Giovanni Rotondo, es el postulador de la causa del padre Matteo, quien vivió en el siglo XVII. Pues bien, cuando el padre Cipriano, durante sus exorcismos, invoca: «¡Que venga el padre Matteo!», es increíble cómo se nota la influencia del padre Matteo.

Alguna vez, yo también he intentado invocar al padre Matteo, y nada. Está claro que es muy importante tener un vínculo personal hondo y fuerte.

Yo siempre invoco al padre Pío, al padre Candido o a Juan Pablo II, que también es muy fuerte. El demonio me ha dado respuestas; recuerdo dos de ellas: «¿Por qué odias tanto a Juan Pablo II?», le pregunto. Primera respuesta: «Porque desbarató mis planes». Creo que se refiere a la caída del comunismo. Otras veces me responde: «Porque me ha robado a muchos jóvenes».

El diablo odia a los sacerdotes santos ya fallecidos, y también siente una profunda hostilidad hacia los miembros vivos de la Iglesia actual, curas, obispos y el Papa, a quienes ataca con dureza. Lo malo es que, frente a un ataque de tan vasto alcance, nuestro clero y nuestro episcopado no están preparados para responder a las peticiones de ayuda, ni siquiera para escuchar. En cuanto oyen hablar de estos problemas, dicen: «¡No son más que cuentos!».

Incluso hay exorcistas que se limitan a decirle a la gente que vaya al psiquiatra. «Ya he ido», responden los infelices. «¡Ve al psiquiatra!», insisten. Y también hay exorcistas que jamás han exorcizado. Escribí sobre esto en un libro, *Esorcisti e psichiatri*; el segundo capítulo va en contra de los exorcistas franceses, sobre todo contra Isidore Frock, su secretario, que alardeaba hasta en la televisión de no haber practicado nunca un exorcismo y afirmaba que jamás haría ninguno, aunque, por increíble que parezca, hace años escribió un libro sobre los exorcistas.

Fuerzas y poderes

Los demonios tienen caracteres distintos, ¿eso se nota cuando los exorciza?

Sí, son distintos y poseen varios grados de poder y de sufrimiento. Sin duda, el más fuerte es Satanás, el jefe, y también es el que más sufre, el más castigado. No todos son iguales. Algunos valen poco, aunque todos son obstinados. Cuando predico, siempre afirmo: «Mucha gente dice: "Creo en Dios, pero no soy practicante". Y yo digo que son un poco tontos. El Evangelio afirma: "No bastará con decirme: ¡Señor!, ¡Señor!, para entrar en el Reino de los Cielos; más bien entrará el que hace la voluntad de mi Padre del Cielo"».

Soy exorcista desde hace muchos años y le aseguro que jamás me he encontrado con un diablo ateo. Todos los demonios creen en Dios, pero ninguno ha sido nunca practicante. Se rebelaron contra Dios y por eso han tocado con sus manos la eternidad del infierno.

Le contaré un caso. Le pregunté a un demonio algo que he preguntado en más de una ocasión a varios de ellos: «Si pudieras volver atrás, ¿qué harías?». Todos responden: «Haría exactamente lo mismo que ahora». Y me dicen: «¿No ves que yo tuve valor para oponerme a Dios y soy más fuerte que Él?». Para ellos, el hecho de haberse rebelado contra Dios demuestra que son seres superiores al Dios que los creó.

Pese a haber echado raíces en esta voluntad de mal, los demonios sufren mucho; de hecho, así lo confiesan abiertamente. Cuando les digo: «¡Vete al infierno!», me responden: «No, estoy mejor aquí».

En varias ocasiones, los demonios le dijeron al padre Candido: «Durante tus exorcismos sufro más que en el infierno». Los exorcismos les dan mucho miedo. Sufren a causa de la presencia de lo sagrado, del poder de las palabras que pronunciamos: «Por intercesión de la Inmaculada, ¡vete!». Es asombroso que no se marchen. Yo digo: «Vete ya, te lo ordeno con el poder que me ha otorgado la Iglesia, ¡vete!», pero siguen ahí.

Esto es un misterio: saben que han perdido la batalla contra Cristo, se sienten mal, sufren durante el exorcismo y, pese a todo, permanecen en el alma poseída o vejada, no se van. No sé por qué se necesitan tantos años para llegar a la liberación. Indudablemente, en parte tiene que ver con la santidad del exorcista. Muchos santos, sin ser exorcistas, liberaban del demonio; entre ellos incluyo a sor Erminia. [Señala una pequeña foto, sobre una mesa colocada a los pies de la escultura de la Virgen de Fátima.] El obispo de Rímini, cuando alguien le pedía ayuda, lo mandaba a ver a sor Erminia Brunetti, que no podía ser exorcista, pero tenía un gran don para liberar. Y recuerde a santa Catalina de Siena: cuando un exorcista no podía liberar a alguien, se lo mandaba a santa Catalina, que, obviamente, no era exorcista. Y no olvidemos a un santo considerado extraoficialmente como patrón de los exorcistas: san Benito. Es muy famosa una moneda, muy posterior a su época, con un retrato del santo. En los exorcismos, siempre utilizo un crucifijo con la moneda de san Benito incrustada. Él no era sacerdote, ni exorcista, pero expulsaba al demonio. Todos estos santos expulsaban al demonio muy rápido, con una sola oración. La llamamos exorcismo, pero no era la oración del Ritual. De todas formas, el texto del Ritual tampoco sirve de mucho... Lo que cuenta es la fe.

Si la fe es el elemento fundamental, ¿qué importancia tiene seguir paso a paso el Ritual y hasta qué punto se puede modificar el rito de liberación?

Matteo La Grua, el exorcista más conocido de Sicilia y gran amigo mío, todo un referente para la Renovación Carismática siciliana actual (ahora es muy anciano y ya no practica exorcismos, sólo bendice), no siempre utilizaba el Ritual. Una vez, asistí a un exorcismo suyo y no pronunció las plegarias del Ritual, sino que oró en lenguas. San Agustín habla de este tipo de oraciones en las que se pronuncian palabras sin sentido y las llama «cantos de júbilo». Son plegarias de adoración a Dios, palabras sin un significado claro. La primera vez que oí este tipo de oraciones, me dije: ¡Esto es una olla de grillos! Pero luego le cogí el gusto. Yo no tengo el don de la oración en lenguas, pero me gusta escucharla. Además, siempre funciona.

Volviendo a los santos que liberaban sin ser exorcistas, la verdad es que hay muchos. Por ejemplo, san Vicente Pallotti liberó a muchos endemoniados, y puso en boca de la Virgen las siguientes palabras, que he citado en algún libro: «Debéis tener en gran consideración todo cuanto llevó a cabo mi Hijo. Él practicó exorcismos, por tanto, debéis tener en gran consideración el ministerio del exorcista».

Sin embargo, muchos eclesiásticos ven con malos ojos a los exorcistas; a veces incluso los consideran unos exaltados medio locos, cuando, en realidad, deberían ser la flor y nata del clero, puesto que, a la hora de nombrar un exorcista, deberían elegir sacerdotes de oración, cultos, de vida intachable.

No ven al demonio, pero sufren

¿Sus pacientes le dicen cómo ven al demonio?

No lo ven, sólo padecen grandes sufrimientos. El paciente común suele recorrer el siguiente itinerario: siente muchos dolores, sobre todo en la cabeza y el estómago, y lo primero que hace es ir al médico. Los médicos le dan tratamientos, pero no le resuelven el problema; entonces le sugieren que vaya al psiquiatra. Por lo general, si hay algo maléfico, el psiquiatra tampoco puede hacer nada.

El paciente empieza a sentir una repulsión hacia la religión, aunque antes fuera religioso. Ya no puede ir a la iglesia, asistir a misa ni comulgar. Luego nota dolores mientras rezan por él. Las personas que tienen dolores suelen seguir un tratamiento médico y ni siquiera se les ocurre que su problema pueda ser cosa del demonio.

A veces, un día asisten a una misa de liberación o de curación. Durante la plegaria de curación o liberación, la persona, de repente, cae al suelo, grita, se retuerce... Eso significa que hay una *presencia*, que sus dolores tienen un origen maléfico.

Todo ello sucede con frecuencia. Es importante tener buen discernimiento, porque, cuando oficio o participo en grandes misas de curación o liberación, siempre veo personas que gritan y se debaten; pueden ser histéricos o gente peculiar, pero también puede tratarse de algo serio. En varias ocasiones han venido personas desde lejos, por ejemplo, desde Sicilia, acompañadas de su exorcista. Este último me decía: «Mire, estoy exorcizando a éste», y el paciente estallaba durante la plegaria. En tales casos sí existía una certeza.

En cambio, en otros casos, alguien que siempre había relacionado sus dolores con lo físico o médico, al asistir a estas misas puede darse cuenta de que tienen un origen distinto, y entonces empieza a pedir bendiciones o exorcismos.

Las bendiciones también son efectivas. Me gustaría que los sacerdotes bendijeran más. Si yo fuera Papa, concedería la facultad de exorcizar a todos los sacerdotes. El hecho de que un cura pueda consagrar, predicar y absolver pero no pueda expulsar a los demonios no es más que una limitación. Además, el exorcismo es una facultad incluida en el mandato de Cristo.

El poder de los objetos sagrados

¿Los objetos sagrados (el agua, la estola...) tienen poder para exorcizar?

Algo de eso hay, aunque no es fácil determinar con exactitud de qué se trata. Por ejemplo, a algunas personas les digo que se sienten ahí [señala un sillón negro de piel sintética, estilo oficina o sala de espera de los años sesenta, cubierto con una especie de esterilla], porque no hacen mucho ruido; pueden estar muy poseídos, pero no son gritones. De todas formas, a veces aquí también recibo a algún gritón; hay casos muy penosos, ¿cómo voy a rechazarlos? Por ejemplo, tengo un joven casado, pintor de paredes. Sólo puede venir los domingos, porque trabaja en una empresa de construcción y no libra ningún sábado. Chilla, pero ¿cómo voy a decirle que no venga? Los martes y los viernes trabaja... Ahora ya no acepto más visitas, porque estoy desbordado. Hay gente que necesitaría, como mínimo, un exorcismo a la semana, y yo sólo los trato una vez al mes.

Volviendo a los objetos, la estola es uno de los más efectivos. Algunos de mis pacientes, cuando les pongo la estola sobre los hombros se la quitan. Y el agua. A algunos, el agua bendita les provoca reacciones muy fuertes, a otros no. El pintor, por ejemplo, escupe mucha espuma, una cantidad tremenda de saliva, y lanza un grito muy peculiar, fuerte y habitual en él, una especie de aullido grave... No sé por qué... A veces le pregunto medio en broma: «¿Te duele?». Él intenta quitarle importancia, pero sé que en casa le ocurre lo mismo, porque me lo ha dicho su mujer. En cambio, en el trabajo nunca le ocurre.

¿El demonio intenta mantenerse oculto?

Es un demonio que intenta ocultarse, que quiere hacerlo sufrir, pero sin impedirle trabajar. Lo mismo le sucede a una mujer, paciente del cura al que no le han dado la facultad de exorcizar: es enfermera y, en el trabajo, se comporta de forma impecable.

En el caso del pintor, ¿cuál es el origen de la posesión?

Familiares, como sucede tantas veces. A menudo, los maleficios proceden de familiares, de personas allegadas, casi siempre por conflictos de intereses. Yo procedo de una familia de abogados y he conocido muchas familias que se quieren mucho hasta el momento de repartir la herencia. Entonces todos se convierten en lobos feroces; porque no es lo mismo un hijo soltero que uno casado, ni una hija soltera que una casada. Sólo piensan en su nueva familia y ya no les importan ni sus padres, aunque queden en la miseria, abandonados.

¿Qué efectos tiene la Cruz?

La Cruz también surte efecto en algunas personas, lo mismo que el Santísimo; yo siempre lo llevo encima, lo coloco sobre la cabeza del paciente y pregunto: «¿Qué tienes aquí? Eres tú, oh, Señor...». Se dan perfecta cuenta de todo. El objetivo de la Eucaristía no es expulsar a los demonios, pero los demonios sufren, porque, aunque no vean a Dios, saben muy bien que existe. Y lo odian, a quien más odian es a Dios. Es un odio irreversible, de ahí la eternidad del infierno.

He ido muchas veces a Medjugorje, me siento muy vinculado a ese lugar. Las primeras apariciones se produjeron el 24 de junio de 1981. Fui allí enseguida; vivían en la miseria más absoluta, nosotros les llevábamos ropa y comida. Existía la barrera de la lengua, pero eran muy hospitalarios. Una vez, Mirjana le pidió a la Virgen: «Madre querida, ¿es posible que un condenado se arrepienta, que pida perdón? ¿Dios podría sacarlo del infierno y llevarlo al cielo?». La Virgen, sonriendo, le contestó: «Por supuesto, Dios podría; son ellos los que no quieren». De ahí la eternidad del infierno, la raigambre del pecado. Y quien no cree en la eternidad del infierno, no cree en el Evangelio.

«Haré que mueras...»

Se habla de Satanás y de Lucifer: ¿existe una dualidad en el vértice diabólico?

Satanás es el número uno, Lucifer, el número dos. Sus poderes son distintos; muchas veces de entrada no aparecen, pero Satanás siempre está. Por eso, cuando les preguntamos los nombres, contestan. Asmodeo también suele estar. Otras veces el diablo se presenta con nombres muy raros.

Recuerdo un caso famoso, de hace muchos años, el de la endemoniada de Piacenza. El demonio dijo llamarse *Ismo*; no lo he vuelto a encontrar. En los años veinte no había grabadoras, pero siempre asistía a los exorcismos un fraile que taquigrafiaba las sesiones. Gracias a esta práctica, conservamos palabra por palabra lo que ocurrió en aquellos exorcismos. Son documentos muy interesantes; nosotros los publicamos por entregas en *Orizzonti*, un periódico que ya no existe. Luego publicamos un libro, creo que el título era *Intervista a Satana*. No sé por qué no se ha vuelto a editar, porque hoy seguiría siendo de extrema actualidad. Un día el diablo le prometió a uno de los presentes, que ayudaba en el exorcismo: «Haré que mueras este año». El demonio abandonó a la mujer poseída, pero aquel hombre murió ese año. Le dijo lo mismo al obispo de Piacenza, que otorgaba la facultad de hacer exorcismos: «Haré que mueras este año», y murió ese año.

Así pues, el demonio tiene poder para matar, pero, fíjese bien... sólo si Dios le da permiso. No debemos olvidar que Dios es el Dios de la vida y Satanás, el soberano de la muerte. Por eso induce al suicidio a personas desesperadas a causa del dolor, a quienes ni siquiera los exorcistas pueden liberar de sus tormentos… Sólo que, cuando uno recibe exorcismos, el propósito de suicidio nunca se cumple. En el último momento, siempre acaba salvándose.

He oído hablar de demonios cerrados y demonios abiertos, de demonios que se manifiestan enseguida y de otros que no quieren hablar.

Sí, algunos demonios tardan en manifestarse; al final, los exorcismos obligan a todos los demonios a manifestarse, pero a veces se necesita mucho tiempo. Tuve como paciente a una señora, a la que más tarde curé y liberé por completo. Primero la exorcizaba el padre Candido, e incluso la exorcizamos juntos. No manifestaba la presencia del demonio, pero mi maestro decía: «Padre Amorth, siga exorcizándola, porque yo creo que hay algo». Seguí haciéndolo y, un día, el demonio estalló. Desde ese momento, en cuanto yo empezaba a rezar, el demonio estallaba, gritaba, vociferaba. Mantenía un diálogo con él y, al final, liberé a la señora.

Durante sus arrebatos, decía lo que los demonios suelen repetir, pues aquel caso no era distinto a los demás: «¡Ella es mía! Me la han dado, me pertenece». «¿Cuando te irás?», le preguntaba yo. «Cuando me vaya, me la llevaré al infierno. ¡Es mía! Es una posesión mía.»

Maleficios antes de nacer

En muchas ocasiones, ha dicho usted que es muy importante bautizar a los bebés recién nacidos, pero que también resultaría muy útil poder hacerlo antes. ¿Por qué?

Porque algunas personas les hacen maleficios antes del nacimiento. A veces le he preguntado al demonio: «¿Cuándo entraste ahí dentro?», y me ha contestado: «Antes de que esta persona naciera». En tales casos, el feto ya está poseído por el demonio. Esto sucede cuando lanzan un maleficio contra la madre para que recaiga sobre el niño que lleva dentro. Después se va manifestando poco a poco...

Tuve a una chica que ahora está curada, totalmente liberada; está casada y lleva una vida normal. Pues bien, la chica había nacido en una clínica u hospital donde trabajaba una enfermera satanista. En cuanto nacía un niño, esta terrible mujer lo consagraba a Satanás. El demonio y yo discutíamos acaloradamente durante el exorcismo. «Es a imagen y semejanza de Dios, la han bautizado», le decía yo, y él contestaba: «Yo llegué primero», porque no la habían bautizado enseguida.

El Bautismo impediría casos como éste, puesto que incluye una oración de exorcismo. Lamentablemente, en el nuevo rito sólo hay una oración (Pablo VI ya se quejaba de ello). Sin embargo, en los primeros tiempos de la Iglesia se daba mucha importancia al exorcismo bautismal. Y lo mismo ocurre con la renovación de los votos del Bautismo; aunque la hayan reducido a la mínima expresión, sigue existiendo, pero no elimina la presencia del demonio si la hay. El Bautismo no la elimina; si hay un maleficio, no desaparece. Los efectos de los maleficios se van manifestando poco a poco. Primero, cuando el niño es pequeño y hace cosas raras, suele decirse: «Bah, cuando sea mayor se le pasará». Sin embargo, cuanto más crece, más arraiga en él la presencia. Mucho más tarde, acude a mí un hombre de cincuenta, sesenta años, que sufre una posesión diabólica, y descubrimos que la sufre desde niño, por culpa de un maleficio. Estos casos requieren mucho tiempo, porque el demonio ha arraigado mucho. Sólo una vez conseguí liberar a una persona, una chica, con un exorcismo de diez minutos... Ya he contado su historia. Por eso el primer exorcismo dice: *Eradicare et fugare*, es decir, se le pide a Dios que desarraigue y expulse al demonio. Y cuanto más se espera, más difícil es liberarse, porque las raíces son más profundas.

«No te quiero a ti, quiero a mi verdadera mamá»

No son infrecuentes los casos de niños poseídos. Muchos niños, a los dos o tres años, ya... Imaginen a un niño de dos años y medio que no quiere entrar en una iglesia, no quiere ver curas, tira las imágenes sagradas que hay en casa, se pone furioso y tiene mucha fuerza. ¡A los dos años y medio! He tenido varios casos de niños pequeños y también algo mayores. Aunque sean niños, practico un exorcismo normal y observo las reacciones que se manifiestan durante el mismo.

A veces los demonios hablan y otras veces no, porque estos niños suelen quedarse mudos. Dejan de hablar; no sólo durante el exorcismo, sino en su vida normal, lo cual les crea problemas en la escuela. Parece que les hayan cosido la lengua, la boca. Y es muy difícil liberarlos. En la mayoría de los casos son maleficios. Si no, se trata de pecados cometidos por una persona allegada a los niños, alguien que ha participado en sesiones de espiritismo, se ha consagrado a Satanás, ha consultado con brujos y cartománticos o practica el ocultismo.

En lo tocante a las posesiones de niños, voy a incluir el siguiente testimonio.

Una familia compuesta por el matrimonio y tres niños. El marido es médico; antes era muy religioso, pero lleva diez años sin pisar una iglesia. Desde hace veinticinco años el padre de la mujer convive con su secretaria, y ésta forma parte de una secta satánica en la que se hacen misas negras. En el pasado la mujer no era practicante, pero hace dos años, el miércoles de Ceniza, salió de la iglesia con los ojos hinchados y doloridos, con la piel de la cara resquebrajada.

En su hogar, una casa reformada y bien equipada, todos notan fenómenos extraños. Encima de los muebles y los armarios altos suelen encontrar envoltorios de pasteles, helados y cosas por el estilo; también los encuentran dentro de los cajones, entre los demás de objetos, y no puede ser cosa de los niños. El suelo se ha ahuecado varias veces, incluso en los pisos de arriba, algo imposible en esas condiciones. Las paredes de algunas habitaciones se han agrietado y sale agua. De repente, todo se arregla solo. Los electrodomésticos se estropean; llaman al electricista y funcionan perfectamente; se va el electricista y dejan de funcionar. La verja eléctrica se abre por la mañana, cuando la familia sale de casa; después, como no consiguen cerrarla, se queda abierta todo el día. Cuando regresan todo funciona bien. Dentro de los armarios han encontrado cuatro veces la ropa amontonada en el estante inferior y las perchas vacías. Otras dos veces han encontrado en dicho estante gotas y manchas de sangre. Día y noche suelen oír pasos, pesados o bien suaves, como si un niño anduviera por la casa; a veces oyen el ruido de las cartas al deslizarse sobre la mesa. También oyen pelotas de ping-pong, o pelotas de futbolín que rebotan y corren por el suelo. El teléfono marca solo, sin que nadie lo toque. El televisor se enciende y apaga solo, durante la noche, sin que nadie lo toque. Las válvulas de los radiadores se abren solas, incluso en verano, de modo que los radiadores se encienden por la mañana y se apagan solos por la noche, generando un calor sofocante.

No había forma de remediarlo. Y eso no era todo. Marido y mujer, cuando estaban solos en casa, oían las voces de sus hijos y de otros parientes. El hijo pequeño, que ahora tiene cuatro años, cuando empezó a hablar lloraba y gritaba por las noches, le pegaba a su madre y la echaba de su lado diciendo: «No te quiero a ti, quiero a mi mamá». Este episodio se repitió muchas veces. En varias ocasiones, entre los juguetes de los niños o en el suelo, encontraron bolas de excrementos humanos. Por la noche todo volvía a estar limpio y no quedaba ni rastro de ello; esas presencias odiosas sólo aparecían por la mañana. La pareja comenzó a discutir con frecuencia y sin motivo. Ahora el hijo mayor no quiere ir a la iglesia. A menudo, cuando la mujer busca el escurridor u otros objetos, no encuentra lo que necesita; pide ayuda a sus hijos, pero ellos tampoco los encuentran; en cambio, cuando llega la mujer de la limpieza, encuentra los objetos en su sitio.

Puede parecer una lista muy larga, pero nosotros, los exorcistas, oímos decir continuamente este tipo de cosas. La madre de esta familia padecía fuertes tentaciones de suicidio, sobre todo cuando iba en coche: veía como única solución salirse de la carretera y acabar de una vez.

Tras dos días con fiebre muy alta, encontró en las bragas un punto de sutura hecho con recio hilo negro. Se lo enseñó a un amigo cirujano, quien confirmó que se trataba de un punto de verdad, aunque aquel material no se usaba en cirugía; y el hilo se deshizo en las manos del cirujano.

La mujer recibía bendiciones de un sacerdote no autorizado, que, en mi opinión, hacía brujería. Preguntaba los nombres de los muertos, sobre todo si entre los familiares había niños muertos, y luego los invocaba durante las bendiciones para que lo ayudaran a expulsar a los demonios. Con estas invocaciones a difuntos y sin instar jamás al demonio a que se fuera en nombre de Jesús, la mujer no hizo más que empeorar.

Al final, vino a verme a mí. En cuanto pronuncié las palabras: *In nomine Patris…* cayó en trance. La vi tendida en el suelo, muy rígida, con los ojos en blanco; le chirriaban los dientes e intentaba vomitar.

Me ayudaban cuatro personas y fue necesaria la fuerza de todas ellas, pues la mujer empezó a tener reacciones violentas, a gritar, silbar, rechazar el agua exorcizada y las unciones, especialmente en la oreja derecha y la garganta. Le puse la mano en el estómago; se hinchó y endureció, como si tuviera dentro una pelota moviéndose. Cuando le ordenaba que revelase el nombre, lo intentaba, hacía verdaderos esfuerzos, pero se quedaba bloqueada. Luego empezó a retorcerse, a forcejear; tiró al suelo a un hombre fuerte que la sujetaba por los pies. Por último, dijo las frases habituales de los demonios: «No me iré, no; ella es mía…». Al cabo de un cuarto de hora volvió en sí y se sintió muy confortada con la súplica a la Virgen de Pompeya.

La niña ya anda

La niña tiene dos años y cuatro meses, pero aún no anda. Sus padres la han llevado a un centro pediátrico especializado, donde le han hecho toda clase de pruebas diagnósticas, incluidas las más modernas y arriesgadas para una niña de su edad. Y no han encontrado nada; la niña está perfectamente sana. Si la sujetan, anda; en cuanto la dejan sola, se para. Sus padres están muy angustiados y han llegado al límite de su resistencia nerviosa.

En vista de tan insólita manifestación aconsejamos un ciclo de plegarias de liberación y curación y esperar a ver los resultados. Podía ser un trastorno maléfico, es decir, una dolencia causada por un maleficio. Aunque parezca increíble, una de las abuelas de la niña podría haber provocado el maleficio, ya que, gracias al trastorno de la pequeña, espera que la hija deje su vivienda actual, muy alejada de la casa materna, para instalarse cerca de ella.

Hay otro motivo para sospechar de la abuela: cuando su hija se casó, estuvo tres meses ingresada en el hospital, víctima de una misteriosa dolencia que ningún médico fue capaz de diagnosticar ni tratar. ¿Pudo ser todo ello fruto de una animadversión hacia aquel matrimonio que la había alejado a su hija?

El día 23 de diciembre le pedí a un grupo de oración que empezase un ciclo de plegaria de liberación por la niña, del 23 al 29 de diciembre. Algunas personas siguieron rezando hasta el 31 de diciembre para completar la novena; otras siguen rezando hoy. En cualquier caso, siento el deber de exponer lo que ocurrió. El 1 de enero del año 2000 la niña empezó a hacer lo que nunca había hecho, es decir, echó a andar sola en la entrada de su casa, diez veces, bajo la sorprendida mirada de sus padres. Hoy sigue andando y sosteniéndose sola, aunque aún es una principiante. Yo no había informado a los padres, que viven lejos de Roma, de las oraciones especiales; sólo les pedí que me comunicaran las reacciones de la niña.

Les sugerí a los padres que se pusieran en contacto con un exorcista y les aconsejé uno. No resultó fácil convencerlos, pues no eran personas abiertas a este tipo de cosas, pero al final aceptaron. Ahora están muy satisfechos y contentos con el trato y la labor del sacerdote y, sobre todo, con los resultados obtenidos.

Levitación

¿Ha visto en alguno de sus pacientes fenómenos de levitación?

Me ocurrió una sola vez y, a decir verdad, casi no me di cuenta. Estaba muy concentrado en la oración, en el exorcismo; además, el poseído no se levantó mucho. Era un joven, un caso raro. Fue uno de mis primeros casos y lo más singular es que conseguí liberarlo en pocos meses.

En febrero vino a recibir los primeros exorcismos, acompañado de un amigo mío franciscano que es un gigante. Siempre había otras cuatro personas para sujetarlo, ya que cuando caía en trance poseía una fuerza descontrolada. Recibía el exorcismo sentado; yo no me fijaba en él, porque estaba concentrado en la oración. De pronto, los demás me dijeron: «Mira, ¡se está levantando!». Y vi que levitaba unos treinta o cuarenta centímetros.

Pero nunca he tenido grandes levitaciones. Puede ocurrir, desde luego, porque el demonio quiere demostrar su poder. Recordemos que el demonio no tiene interés en poseer a las personas; la posesión es una actividad extraordinaria. Lo que más le interesa al demonio es su acción ordinaria, esto es, hacer caer a las personas en el pecado. Todos estamos expuestos al pecado, a la tentación, desde que nacemos hasta que morimos. A veces me preguntan: «¿El demonio también tentó a la Virgen?», y respondo: «Sí, desde que nació hasta que murió. Es la condición humana. El demonio también tentó a Jesús. Marcos lo dice claramente; no habla de las tres tentaciones, como Mateo, pero dice que estuvo en el desierto cuarenta días y que el demonio lo tentó durante ese período y también después, siempre, toda la vida».

Al demonio le interesa que el hombre caiga en el pecado. En cambio, en los casos de posesión lo que desea es exhibir su poder. Por ejemplo, volviendo a nuestros tiempos, es interesante observar la vida de María la arabita, monja carmelita y única santa árabe, beatificada por Juan Pablo II. En dos ocasiones fue poseída y necesitó exorcismos. Durante los exorcismos, el demonio sufría enormemente; la monja blasfemaba, hacía cosas tremendas... ¡No era ella! El demonio le provocaba dolores horribles para que se rebelara contra Dios. Pero cuando se liberó tras el exorcismo, la arabita decía: «Gracias, Señor... Alabado seas, Señor». El demonio intentó hacerla caer en la desesperación, en la rebelión contra Dios, y prometió: «Te poseeré durante cuarenta días». No consiguió hacerla caer en la desesperación; al final, el demonio ya no podía más, quería salir, pero debía quedarse, porque había prometido que estaría cuarenta días.

Durante los exorcismos, ¿Dios envía ángeles a luchar contra el demonio, o les deja todo el trabajo a ustedes?

Nunca he notado la presencia de ángeles durante los exorcismos. Voy a contarle un episodio de la vida del padre Pío. El demonio azotó al padre hasta hacerle sangre; cuando cesaron los golpes, el sacerdote le preguntó a su ángel de la guarda: «¿Por qué no has hecho nada?». El ángel, casi llorando del disgusto, le dijo: «Porque el Señor no ha querido que hiciera nada». El demonio fustigó al padre Pío todos los días de su vida, desde que era niño, excepto los pocos días que siguieron al momento en que recibió los estigmas. Durante unos días, el diablo no lo atacó, pero luego volvió a hacerlo cada día. Tras los asaltos y golpes, siempre se le aparecían el Señor o la Virgen: un consuelo. ¡Cuánto llegó a sufrir! Le robaba almas a Satanás y Satanás se volvía contra él; el Señor lo dejaba hacer para que el padre siguiera robándole almas a Satanás. El padre Pío logró muchas conversiones, muchísimas.

Los fantasmas no existen

¿Existen los fantasmas?

No, son pura invención, o trucos del demonio, que se manifiesta en forma de lo que llaman espíritus o fantasmas. Sólo existen ángeles, demonios y hombres.

¿Alguna vez ha tenido casos de demonios íncubos o súcubos?

Más bien de demonios sometidos a otros demonios; por ejemplo, cuando el padre Pío estaba en Venafro. El demonio es puro espíritu y, para ser visible, debe asumir una forma. Otro tanto puede decirse de la Virgen, los ángeles y los santos. Un caso típico es el del arcángel Rafael, que asume el aspecto de un joven viajero para viajar con el hijo de Tobías, aunque al final revela su identidad. Para asustar al padre Pío, el demonio solía presentarse como un perro rabioso; así es como lo aterrorizaba. Para engañarlo, asumía la forma de Jesús o de la Virgen, de su superior, de su director espiritual, del padre guardián. Entraba en la celda, le daba órdenes… Después el padre Pío, muy perplejo, iba a preguntarle al padre guardián: «¿Me ha dicho usted que debo hacer esto y lo otro?». «¡No! Yo no he ido a verte», respondía el otro, y el padre Pío comprendía que había sido el demonio. A veces también se le aparecía en forma de chicas desnudas y provocativas, para tentarlo en su castidad. Chicas desnudas y provocativas, muy hermosas. Una vez el demonio me dijo: «Muchas mujeres que consideráis bellas están aquí conmigo, en el infierno». Piense en ciertas mujeres que provocan escándalos, en ciertas actrices de películas pornográficas… Escándalos ante millones de personas. En el infierno. Pero lo cierto es que, a mí, los demonios nunca se me han aparecido bajo falsas apariencias.

La tentación de la soberbia

Un sacerdote como usted, que lucha contra el demonio, practica exorcismos y lo expulsa, ¿corre el peligro de ser soberbio?

Todo lo contrario. Cuando practico exorcismos en la iglesia de la Inmaculada, tengo diez ayudantes y pontifico, soy yo quien hace el exorcismo, pero, durante la sesión, mi pensamiento siempre está con el Espíritu Santo: «Espíritu Santo, intervén tú. Ya sabes que no sirvo para nada, que no valgo nada. Intervén tú». Le suplico así continuamente, para no caer en la tentación. Y cuando voy a predicar... voy muy pocas veces, sólo en ocasiones muy especiales. Pues bien, en esas situaciones siempre hay gente que quiere acercarse a tocarme. Siempre voy rodeado de guardias, de protección, porque la gente quiere tocarme, y yo digo: «Adelante, tócame, ¡huelo a salchichón!».

Volvamos a la tentación. La mayor tentación del demonio es la soberbia y los mayores pecados son los de soberbia. Son la raíz de todos los pecados, aunque el pecado más frecuente, que no el más grave, es la impureza. Como ya he dicho, y no está de más repetirlo, san Alfonso de Ligorio decía: «La mayoría va al infierno por este pecado y nunca sin este pecado».

Como remedio al pecado de la soberbia, quisiera recordar el episodio de un puntapié muy saludable.

Durante una plegaria de liberación, sabiendo que el demonio detesta la confesión sincera de los pecados y el arrepentimiento, hicimos una amplia confesión pública de muchos pecados (incluidos los de nuestras familias, difuntos y comunidades). Después cada uno se acercó al sacerdote para la acusación personal y la absolución. Por último, yo me arrodillé ante el sacerdote que oficiaba conmigo, con el fin de pedir perdón por mis pecados, especialmente por aquellos que obstaculizan la eficacia de mi ministerio.

De pronto, sentí en la espalda un sonoro puntapié. Me lo dio una paciente, tras burlar la vigilancia de mis colaboradores, con un movimiento rápido e inesperado. De este modo expresó lo que sentía el demonio mientras nosotros nos confesábamos. Y yo quiero trasladar sus efectos a quienes necesiten un empujón para ir a confesar sus pecados.

El diablo no tiene sentido del humor

¿El demonio bromea con usted?

No, no tiene sentido del humor, aunque alguna vez... Una vez yo diría que me tomó el pelo. Estábamos exorcizando a una señora, a quien había exorcizado en muchas ocasiones el padre Candido. En mi opinión, es uno de esos casos que nunca se liberarán; ha mejorado, eso sí, puede hacer vida normal como madre de familia, pero nada de liberación total. Yo estaba con otro exorcista, mejor alumno del padre Candido que yo. Según creo, fue la única vez que practicamos un exorcismo de cinco horas y media. Era el día de la Inmaculada, un día sugestivo... Como he dicho, este exorcismo duró cinco horas y media, y creímos que el demonio había salido. Al final, lágrimas de emoción, abrazos, besos. Sin embargo, al cabo de una semana la situación volvió a ser la de antes. El padre Candido me dijo: «Ya lo ve usted, padre Amorth, hacer exorcismos largos no sirve para nada». Por eso mis exorcismos duran media hora.

¿Cómo y por qué le tomó el pelo el demonio?

Le hice el siguiente reproche: «Dijiste que ibas a salir ese día y a esa hora, pero no lo has hecho». Y él, con voz meliflua, me respondió: «¿No sabes que soy un mentiroso? ¿No te lo han dicho? ¡Yo digo mentiras, soy un embustero! ¿No te lo han enseñado?». Me sentí humillado, hubiese querido que me tragara la tierra.

Un demonio burlón

Una mujer de unos cincuenta años, con una hija y dos nietos. Dice que empezó a sentirse mal en cuanto se casó. Padece asma, desmayos, dolor de estómago e intestino; vomita cosas raras, como pelos, judías crudas... En su casa oye golpes y los muebles vibran. Siente que la odian varios familiares y amigos, en especial su suegra, que nunca la ha aceptado como esposa de su único hijo.

Tras pocos minutos de exorcismo, cae en trance y el demonio habla. Amenaza a la enferma y al exorcista. Le digo: «Tú a mí no me vas a hacer nada, porque soy un ministro de Cristo. Sin su permiso, no puedes decir ni una palabra, no puedes hacer nada. Tienes que obedecerlo a Él y también a tu amo, Lucifer». Me responde: «Yo soy Lucifer». «Ah, eres Lucifer. Pues voy a atacarte con el exorcismo», concluyo. Reacciona al exorcismo y también al «Bendito sea Dios» y el «Bendita sea su Santa e Inmaculada Concepción». Entonces le digo: «Te echas a temblar al oír el nombre de María, ¿eh? Eso es porque nunca se ha sometido a ti mediante el pecado. Ella, sin pecado original y con su hijo Jesús, te ha pisoteado la cabeza». El diablo replica: «¿Sabes con qué pie?». Yo le sigo la corriente: «A ver, con qué pie, me gustaría saberlo». «Con el derecho», me dice. «¿Por qué el derecho?», le pregunto. Respuesta inmediata: «Porque es más fuerte y decidido». Me quedo sin palabras y empiezo a sospechar que me ha mentido. Al día siguiente tengo ocasión de hablar con mi obispo y le cuento lo ocurrido. Me dice que lo del pie derecho es una tontería, porque la Virgen no pisoteó nada material ni utilizó ningún pie; nos movemos en el ámbito de la teología, no de la física. Satanás ha sido vencido y su reino, derrotado, pero nos mantenemos en el orden espiritual.

Ocho días más tarde le practico un nuevo exorcismo a la misma mujer. Ésta pierde el sentido, pone los ojos en blanco y se contonea como una serpiente, presa de unos espasmos atroces. El intruso pronuncia ofensas y amenazas, especialmente dirigidas al exorcista, y dice palabras engañosas. Lo interrumpo: «Lucifer, lo que me dijiste del pie el otro día...». El maligno, con voz fría, me da una respuesta que me deja helado: «Te estaba tomando el pelo». ¿Es una lección para eludir preguntas hechas por curiosidad?

Odio y conversión

¿El demonio intenta que lo odien?

No. Intenta odiar, inducir al odio a todo el mundo. Uno de los principales obstáculos para liberarse es no ser capaz de perdonar con el corazón. Si una persona siente rencor contra alguien y no puede superarlo, no consigue liberarse. ¿Por qué el Señor permite que muchas personas buenas, incluso niños, se hallen en esta situación? No lo sé, sólo sé que los exorcismos hacen mucho bien. Lo primero que pregunto es: «¿Vas a misa todos los domingos? ¿Te confiesas a menudo?». Y la mayoría de las veces me responden que no. Entonces les doy el folleto con los diez mandamientos y digo: «Tienes que empezar por aquí». «Vivo en pareja», me dicen. Un gran número de personas vive en el pecado y entonces no puedo hacer nada. Con todo, veo muchas conversiones. Desde que hago exorcismos, he visto muchas más conversiones que antes. El exorcismo es una vía de conversión, y no me refiero únicamente al interesado más directo.

¿Qué le pregunta al demonio?

Cuando dialogo con los demonios mi único objetivo es la liberación de la persona. Hace muchos años leí un libro extenso, publicado en América y escrito por un exorcista, un conocido teólogo que quiso entablar diálogos con el demonio. Y el demonio siempre lo engañaba. Es muy inteligente. ¡Es un ángel! Conserva la inteligencia, fuerza y libertad de un ángel. No hay que entrar en discusiones con el demonio. Sólo le pregunto cosas útiles para la liberación. Así, poco a poco, me entero de cuándo se hizo el maleficio, en el caso de que sea un maleficio; o de cuándo, cómo y por qué entró el demonio en la persona.

No debemos olvidar que el diablo es mentiroso; por eso hay que relativizar y, si es posible, comprobar sus respuestas. Mientras exorcizaba a una chica, le pregunté: «¿Cuando entraste, qué edad tenía la chica?». «Dieciséis años», me respondió. Al terminar el exorcismo, le pregunté a la joven: «¿Cuándo empezaste a sentirte mal?». «A los dieciséis años», contestó. Les pregunté a sus padres: «¿Cuándo empezó a sentirse mal su hija?». «A los dieciséis años», confirmaron. Entonces me dije: «Bien, esta vez el demonio ha dicho la verdad». Hay que comprobarlo todo, especialmente un dato fundamental: el origen de la vejación o posesión, quién es el autor del maleficio. Hay que comprobarlo, porque el demonio pretende sembrar odios y rencores, y puede decir que ha sido la suegra, la hermana, la prima o la tía, y luego se descubre que no es cierto. Otras veces, en cambio, averiguamos que la suegra estaba furiosa porque creía que la chica le había *robado* a su hijo... Algunas madres son tan celosas que cuando sus hijos se casan es un desastre. Y si, tras investigar el caso, averiguamos que la suegra se dedicaba a la brujería o algo por el estilo, entonces podemos decir: «Puede que sea cierto». También debemos preguntar las causas, el fin que se persigue con el maleficio. Como hemos visto, a veces se lanzan maleficios para que las víctimas no se casen, o no encuentren trabajo...

Breve autobiografía

Gracias, don Gabriele, por habernos ayudado a descubrir verdades que es tan terrible conocer como peligroso ignorar. Antes de finalizar este viaje al ministerio del exorcismo, hablemos un poco más de usted: ¿por qué decidió ser sacerdote?

Nací en el seno de una familia religiosa. Mis padres y mis cuatro hermanos, todos varones y mejores que yo, eran muy religiosos. Recibimos nuestra educación dentro de la familia, en Acción Católica, en la parroquia. Nos formamos en Módena, en la iglesia de San Pedro. Ahora hay allí un benedictino amigo mío, uno de los dos exorcistas de Módena. Una vida, pues, intensamente religiosa; pasé toda mi juventud en Acción Católica, trabajando como catequista. A los catorce años empecé a pensar que tenía vocación; además, un gran amigo mío se hizo cura. Fuimos compañeros de primaria y de bachillerato, hasta el examen de acceso a la universidad. Íbamos a una escuela mixta y todo el mundo sabía que él iba a ser cura. Creo que esto influyó bastante en mi decisión.

Muy bien, sacerdote, pero ¿dónde? Esto era un problema. Por azar, tuve ocasión de tratar a don Giacomo Alberione. Comprendí que era un hombre de Dios y le pregunté dónde me convenía entrar, en qué congregación, en qué centro. Me dijo: «Por la mañana, oficiaré la misa por ti». Me levanté muy temprano, porque celebraba la misa a las cuatro de la mañana. «Ah, estás aquí», me dijo. Tras la misa, me reveló: «Él me ha dicho que debes entrar en la Sociedad de San Pablo». Estaba en el penúltimo año de bachillerato, y dije: «Muy bien; haré el examen de acceso a la universidad y luego entraré».

Desde entonces siempre mantuvimos el contacto. Después de mi examen estalló la guerra. Los cinco hermanos estábamos en edad de incorporarnos a filas, y cada uno de nosotros vivió su aventura. Yo hice la guerra como partisano, me ocurrieron una serie de vicisitudes e incluso obtuve una medalla al valor militar. Pensé que, en vista de la situación, quizá no debía abandonar a mi familia, y así se lo dije al padre Alberione. También le pregunté en qué facultad universitaria debía matricularme. «En la que quieras», me dijo. Tenía dos hermanos licenciados en Derecho y elegí lo mismo. Hice bien, porque me regalaron la licenciatura. No estudiaba, no iba a clase, pero, como apreciaban a mis hermanos, me regalaban las notas, así es que me licencié pronto.

Me licencié en 1947, a los veintidós años; por aquel entonces entré en la Democracia Cristiana. Yo no quería hacerlo, pero nos impulsó a ello Dossetti, que se había convertido en nuestro líder. Era mi profesor de Derecho Canónico y Eclesiástico, un gran amigo de mi familia; había comido y dormido en mi casa muchas veces. Nos impulsó a todos a meternos en política. Nuestro número uno en Módena era Ermanno Gorrieri, muy amigo mío desde los años de la escuela, bueno, humilde y muy emprendedor. Había sido nuestro líder en la guerra partisana y también se convirtió en líder de la sección de la Democracia Cristiana que fundamos. Yo mismo fui a varias localidades de la provincia de Módena a fundar secciones de la Democracia Cristiana, algo de lo que jamás habían oído hablar. Al hacerlo, me sentí un poco como mi padre, quien, debido a su amistad con el sacerdote y político Luigi Sturzo, acabó siendo uno de los fundadores del Partito Popolare en Módena. Fui elegido en las elecciones al Consejo Provincial. En el quincuagésimo aniversario de la DC premiaron a los primeros que habíamos salido elegidos; a mí me entregó el premio Ciriaco de Mita, el secretario del partido.

Dossetti también me impulsó a convertirme en subdelegado nacional de las Juventudes Democratacristianas, que, por aquel entonces, tenían gran importancia. Me trasladé a Roma y me quedé muchos meses. El delegado era Giulio Andreotti, pero lo hacía todo yo, porque él se dedicaba por completo a De Gasperi y descuidaba los grupos juveniles. Cuando desempeñó su primer cargo en el gobierno, como subsecretario de la Presidencia del Consejo, Andreotti dimitió como delegado nacional. Entonces comprendí que, si me embarcaba en la política, ya no saldría de ahí, y aproveché para presentar también mi dimisión. Así fue como me desvinculé de ese mundo.

Había mantenido el contacto con el padre Alberione y sabía que le había hecho un voto a la Virgen: si todos los miembros de la familia paulina sobrevivían a la guerra, le construiría un santuario a la Virgen Reina de los Apóstoles. Y lo construyó, aquí: son tres santuarios, uno encima de otro; no tres iglesias, sino tres santuarios. Yo conocía su proyecto y le dije: «Inclúyanos a mis hermanos y a mí entre los protegidos de la Virgen durante la guerra». Nosotros cinco vivimos cada aventura… Un hermano mío, uno de los dos que aún viven, vino prácticamente a pie desde Karlovac, Yugoslavia. Todos tuvimos nuestras aventuras y desventuras, pero salimos con vida.

Al convertirme en sacerdote, jamás olvidé todo aquello. El día de la ordenación era el 24 de enero de 1954, pero la ordenación se aplazó, ya que el padre Alberione quiso que nos ordenaran en el centenario del dogma de la Inmaculada Concepción. Tras la misa y las fotografías, todos los nuevos curas y sus familiares iban al despacho del padre Alberione, a despedirse de él. Yo fui con mis cuatro hermanos y mi madre. Al vernos, me preguntó: «¿Cómo os fue durante la guerra?». Recordaba muy bien que me había prometido incluirnos a mí y a mis hermanos entre los protegidos de la Reina de los Apóstoles.

Entonces comprendí que, realmente, fue Jesús quien le dijo al padre Alberione que yo debía entrar en la Sociedad de San Pablo. Y nunca me he arrepentido de ello.

Índice

Índice